DIE DEUTSCHE KRIEGSMARINE
1935 – 1945
Band 3
Siegfried Breyer / Gerhard Koop

BENUTZTE QUELLEN (AUSWAHL)

Bekker: Einzelkämpfer auf See. Die deutschen Torpedoreiter, Froschmänner und Sprengbootpiloten des Zweiten Weltkrieges, Oldenburg/Hannover 1968
Bracke: Die Einzelkämpfer der Kriegsmarine, Stuttgart 1982
Brennecke: Jäger, Gejagte, Herford 1982
Brennecke: Die Wende im Ubootkrieg, Herford 1984
Brennecke: Haie im Paradies, München 1978
Brustat-Naval, Ali Cremer: U 333, Berlin/Frankfurt/Wien 1982
Brustat-Naval, Suhren: Nasses Eichenlaub, Herford 1983
Busch, H.: So war der Ubootkrieg, Bielefeld 1954
Dönitz: Mein wechselvolles Leben, Göttingen 1975
Dönitz: 40 Fragen an Karl Dönitz, München 1979
Dönitz: Zehn Jahre und 20 Tage, München 1980
Dülffer: Weimar, Hitler und die Marine, Düsseldorf 1973
Enders: Auch kleine Igel haben Stacheln, Herford 1984
Fock: Marine-Kleinkampfmittel, Herford 1982
Frank: Die Wölfe und der Admiral, Oldenburg/Hannover 1953
Grabatsch: Torpedoreiter, Welsermühl 1979
Gröner: Die deutschen Kriegsschiffe 1835 – 1945, Band 3, Koblenz 1985
Güth: Die Marine des Deutschen Reiches 1919 – 1939, Frankfurt 1972
Herzog: 60 Jahre deutsche Uboote, München 1968
Heß: Die Männer von U 995, Oldenburg/München/Hamburg 1979
Hirschfeld: Feindfahrten, München 1982
Hümmelchen: Die deutschen Seeflieger 1935 – 1945, München 1976
Korganoff: Prien gegen Scapa Flow, Stuttgart 1977
MFA – Handbuch zur deutschen Militärgeschichte 1648 – 1939, Band VIII – Deutsche Marinegeschichte der Neuzeit, München 1977
Pöschel: Froschmänner, Torpedoreiter, Zwerg-Uboote, (Ost-)Berlin 1961
Raeder: Mein Leben, Band 1 und 2, Tübingen 1956/57
Rahn: Reichsmarine und Landesverteidigung 1919 – 1928, München 1976
Robertson: Jagd auf die Wölfe, Oldenburg/Hamburg 1960
Rössler: Geschichte des deutschen Ubootbaus, München 1975
Rössler: Die deutschen Uboote und ihre Werften, Band 1 und 2, München 1979/80
Rössler: Uboottyp XXI, München 1980
Rohwer: Die Ubooterfolge der Achsenmächte 1939 – 1945, München 1968
Rohwer/Hümmelchen: Chronik des Seekrieges 1939 – 1945, Oldenburg 1968
Schütze: Operation unter Wasser, Herford 1985
Werner: Die eisernen Särge, München 1985

BILDNACHWEIS

Bundesarchiv 116, Sammlung Breyer 70, Sammlung Koop 26, Sammlung Gröner 4, Sammlung Dressler 15, Dr. Jung 2, v. Hartmann 2, Blohm & Voß 2, Lürssen 1, Archiv Podzun 12, Schäfer 13, Zeichnungen und Silhouetten Breyer und Podzun-Pallas-Verlag.

Umschlagbild: Günter Todt, Hamburg
Arbeitsteilung: Ubootwaffe: Gerhard Koop, alle anderen Kapitel: Siegfried Breyer

Verantwortlich für den Inhalt sind die Autoren

Composersatz: Irmgard Rudel
Druck: Druckerei Haus, Hanau
Einband: Buchbinderei Hollmann, Darmstadt
ISBN: 3-7909-0320-5

Siegfried Breyer / Gerhard Koop

DIE DEUTSCHE KRIEGSMARINE 1935—1945

Band 3

Die Ubootwaffe · Marine-Kleinkampfverbände · Landkampf-Marineverbände · Seefliegerkräfte · Häfen und Bauwerften · Die Angehörigen der Kriegsmarine mit den höchsten Tapferkeitsauszeichnungen Versenkungserfolge gegen Kriegsschiffe · Uniformen, Dienstgrad- und Laufbahnabzeichen

PODZUN-PALLAS VERLAG · FRIEDBERG/H.

Begegnung in der Einsamkeit des Ozeans: Das "Milchkuh"-Boot U 459 (Typ XIV) trifft auf der verabredeten Position mit einem Frontboot zusammen. Diese Aufnahme ist am 21. April 1942 entstanden.

INHALT

1943 im rumänischen Konstanza: U 20 (Typ II B) bei der Kommandantenmusterung kurz vor dem Auslaufen.

EIN WORT ZUVOR

Nachdem in den beiden ersten Bänden von den Überwasserstreitkräften und den Hilfs- und Troßschiffen berichtet wurde, nimmt im vorliegenden dritten Band die Ubootwaffe den Schwerpunkt der Dokumentationsfolge ein. Während des Krieges sind Hunderte von Ubooten gebaut und gegen die Versorgungsschifffahrt der Gegner eingesetzt worden – und in der ersten Phase des Krieges erzielten diese so große Erfolge, daß Großbritannien, wie schon im Ersten Weltkrieg, an den Rand des Abgrundes geriet. Aber dann kam es dennoch anders: In einer großen Kraftanstrengung gelangten die Gegner dank Mobilisierung und Motivierung von Wissenschaft und Technik zu neuen Mitteln und Wegen der Ubootbekämpfung, und diese schlugen voll durch: Der Ubootkrieg kam nahezu zum Erliegen, die Alliierten wurden der tödlichen Gefahr Herr. Die deutsche Reaktion blieb zwar nicht aus und führte zu einer revolutionären Wandlung vom Tauchboot zum echten Unterseeboot. Aber als dieses seine Einsatzreife erreicht hatte, kündigte sich das nahe Ende des Krieges und damit der Zusammenbruch des Reiches an.

Am Anfang unseres Jahrhunderts galt das Uboot bekanntermaßen als die "Waffe des zur See Schwächeren". Auf den Zweiten Weltkrieg und die deutsche Seite übertragen, war diese Formulierung durchaus nicht abwegig – im Gegenteil: Wie richtig sie war, zeigte sich – sozusagen als "Uboot-Ersatz" – an der Entwicklung deutscher Kleinkampfmittel. Als dieser elitäre Sonderverband zu wirken begonnen und erste Erfolge aufzuweisen hatte, ist er in sehr übertriebener Weise von der deutschen Propaganda in das Rampenlicht gestellt worden. Aber damit sollte offenbar die Öffentlichkeit über die ausbleibenden Ubooterfolge hinweggetäuscht werden. In Wirklichkeit reichten die Erfolge der K-Verbände nicht im entferntesten an das heran, was man in diesem Krieg von den Ubooten gewohnt war, und sie konnten es auch gar nicht, denn dazu waren die Einsatzbedingungen viel zu unterschiedlich. Bei allem Respekt vor der Tapferkeit und dem Einsatzwillen dieser Einzelkämpfer: Der K-Verband war nichts anderes als eine "Waffe der zwölften Stunde", dabei viel zu aufwendig und aufgebläht in Aufbau und Organisation, und dazu nur wenig, eigentlich gar nicht befähigt, entscheidungsträchtige Taten zu vollbringen, geschweige denn eine Wende des längst verlorengegangenen Krieges herbeizuführen.

Von jenen K-Verbänden berichtet daher ein weiteres Kapitel des Bandes. An dieses schließt sich ein Blick auf die Landkampfverbände der Marine an, eine Truppe, die mit den Luftwaffen-Felddivisionen etwas Gemeinsames hatte: Der Ausfall von immer mehr schwimmenden Einheiten bei der Marine und von Flugzeugen bei der Luftwaffe führte zur Freistellung von Personal, das dann divisionsweise an den Landfronten im Westen und im Osten eingesetzt wurde. In dieser Art der Kriegführung völlig unerfahren, erlitten sie besonders hohe Verluste.

Auch die Seefliegerei (im Grunde sind es nur die Bordflieger) ist dokumentiert, obwohl diese – gegen alle Logik und Vernunft und unter Ignoranz der im Ersten Weltkrieg gemachten Erfahrungen – der Luftwaffe angehörte.

Ein breiteres Spektrum des Bandes ist den Häfen, Stützpunkten und Werften vorbehalten, die mit der Kriegsmarine eng verbunden waren. Hier werden "Ehemalige" an jene Plätze zurückfinden, die ihnen von ihrer Marinedienstzeit her in Erinnerung sind. Der Abschluß des Bandes aber ist den Trägern und Inhabern der höchsten Tapferkeitsauszeichnungen zugewiesen. Nach dem Kriege von einem neuen Zeitgeist ins Abseits gedrängt, sind sie heute fast völlig vergessen. Wenigstens ihre Namen – für ihre Taten reicht der Platz nicht aus – der Nachwelt zu erhalten, ist mit ein Anliegen dieses Werkes. Ein Anhang dokumentiert schließlich die im Zweiten Weltkrieg von deutschen See- und Luftstreitkräften verbuchten Versenkungserfolge gegen Kriegsschiffe.

Der Farbteil zeigt die Uniformen der Kriegsmarine, ihre Dienstgradabzeichen und die Abzeichen für Laufbahnen und Sonderausbildung sowie die marinespezifischen Auszeichnungen. Die Vorlagen dazu stammen aus authentischen Unterlagen.

Der Verlag und die Autoren sagen all jenen ihren Dank, die durch Information und Hergabe von Bildmaterial zum Werden dieses Bandes beigetragen haben, so den Bediensteten des Bundesarchivs in Koblenz und Herrn Kapitänleutnant a.D. Götz von Hartmann, ehemaliger Kommandant von U 441.

Zwar sollte mit diesen drei Bänden die Reihe abgeschlossen werden, aber gewichtige Gründe machen es erforderlich, den ersten Band in neuer und überarbeiteter Auflage vorzulegen. In ihm werden wesentliche Ergänzungen, Erweiterungen und Zugaben zu finden sein. Darüber hinaus sind zwei weitere Bände in Vorbereitung. Der eine wird die Schiffsverluste der Kriegsmarine in Wort und Bild dokumentieren, während der andere als "Technik-Band" über Marinewaffen, Antriebssysteme, Ortungsgeräte und anderes mehr informiert.

DIE UBOOTWAFFE

Nach den Bedingungen des Versailler Diktatvertrages von 1919 war der deutschen Reichsmarine der Bau und Besitz von Ubooten verboten. Dennoch kam es etwa ab Mitte der 20er Jahre zu geheimen Entwicklungen von Schiffstypen, die über das Erlaubte hinausgingen. Diese Bestrebungen liefen insgeheim auf eine erhoffte Freigabe der auferlegten Rüstungsbeschränkungen hinaus und betrafen unter anderem auch den Ubootbau. Eigens dafür war in Holland ein Ubootkonstruktionsbüro gegründet worden, auf dessen Arbeiten der Bau eines 800 t-Bootes für Spanien, eines 250 t-Bootes für Finnland und zweier Boote für die Türkei zurückging.
Der sogenannte "Umbauplan" vom 15. November 1932 sah für den Mob-Fall bereits neben dem Aufbau einer See-Luftwaffe auch eine Ubootwaffe vor. Mit dem Regierungsantritt Hitlers im Januar 1933 wurde die Wiederaufrüstung der Wehrmacht forciert und gipfelte schließlich in der "Erklärung der Wehrhoheit" vom 16. März 1935. Die ersten Planungen (nach dem Stand vom März 1934) sahen bis 1938 die Fertigstellung von 24 Ubooten mit 800 t und 48 Ubooten mit 250 t Verdrängung vor.

Das Flottenabkommen mit Großbritannien vom 18. Juni 1935 machte schließlich den Weg für eine begrenzte deutsche Seerüstung frei; die Beschränkungen des Versailler Vertrages wurden damit wirkungslos, keine der anderen Ententemächte erhob Widersprüche. Soweit dieses Abkommen die Uboote betraf, durfte die deutsche Marine bei einem allgemeinen Verhältnis von 35:100 diese im Verhältnis von 45:100 (im Ausnahmefall sogar mit einer Steigerung auf 100 %) bauen.

Der Z-Plan von 1938 und die einseitige deutsche Aufkündigung des Flottenabkommens am 28. April 1939 ließ schließlich alle vertraglich gesetzten Schranken fallen. Dieser Plan sah den Bau von 249 Ubooten vor, die gewissermaßen "nebenher" zu bauen waren, denn der Schwerpunkt lag bei den Überwasserkampfschiffen. Der am 1. September 1939 begonnene Krieg setzte dann alsbald andere Prioritäten.

Uboote des Typs II und VII an der Scheermole in Kiel. An der gegenüberliegenden Pierseite mehrere Ubootbegleitschiffe mit dem F.d.U.-Stabsschiff HAMBURG, dazwischen (ganz links die SAAR, gleich neben der HAMBURG die WEICHSEL, danach die DONAU). Die Aufnahme entstand offenbar im Juli 1939 nach Abschluß der großen Ubootübung.

Die ersten deutschen Nachkriegs-Uboote, hier etwa 1936 im Kieler Tirpitzhafen an der Scheermole mit ihrem Begleitschiff SAAR. An der anderen Pierseite der abgerüstete ehemalige Kleine Kreuzer HAMBURG, der seither dem Führer der Uboote (F.d.U.) als Stabsschiff diente. Im Hintergrund der Aviso GRILLE, zwei Panzerschiffe und zwei "K"-Kreuzer an ihren Bojen.

Drei Boote – drei Schicksale: Im Kieler Tirpitzhafen haben festgemacht (von links nach rechts) U 25, U 26 und U 31, die beiden ersten zum Typ I A gehörend, das letztere ein Typ VII-Boot, und alle bei der Deschimag in Bremen gebaut. U 25 kam am 6. April 1936 in Dienst und sank am 3. August 1940 nach einem Minentreffer. U 26, seit 11. Mai 1936 in Dienst, ging ebenso frühzeitig verloren (1. Juli 1940) und U 31 (Indienststellung 28. Dezember 1936) schon am 11. März 1940 durch Bombentreffer. U 31 wurde zwar gehoben und erneut in Dienst gestellt, ging aber im gleichen Jahr erneut und endgültig verloren.

Die für den Hochsee-Einsatz konzipierten Boote vom Typ I A (U 25 und U 26) blieben die beiden einzigen dieses Typs, der nicht weiter gebaut wurde. Hier U 25 im Jahr 1937.

U 1 (Typ II A). Das erste Uboot, das für die Kriegsmarine gebaut wurde und für den Küsteneinsatz bestimmt war. Indienststellung am 29. Juni 1935. Am 16. April 1940 fiel es südwestlich Stavanger einem britischen Uboottorpedo zum Opfer.

U 14 (Typ II B), ebenfalls ein Küstenboot. Im Mai 1945 selbstversenkt. Die Aufnahme stammt von 1939, im Hintergrund das Ubootbegleitschiff MOSEL (I).

U 23 (Typ II B) im Jahr 1939, ein weiter verbesserter Küstentyp. Das Boot gehörte später zur 30. U-Flottille im Schwarzen Meer.

U 28 (Typ VII), in Dienst gestellt am 12. September 1936 und Vertreter eines für die Hochseeverwendung ausgelegten mittleren Typs, wurde später stationäres Schulboot in Neustadt/Holstein, sank dort am 17. März 1944 infolge eines Bedienungsfehlers, wurde gehoben und stellte endgültig am 4. August 1944 außer Dienst.

U 30 (Typ VII), aufgenommen 1939, Verursacher des "Athenia-Zwischenfalls": Am 3. September 1939, wenige Stunden nach der britischen Kriegserklärung an das Reich, sichtete sein Kommandant das britische Fahrgastschiff ATHENIA und versenkte dieses in der Meinung, einen Hilfskreuzer vor sich zu haben. Was er nicht wissen konnte: Auf dem Schiff befanden sich über 1.400 Passagiere (von denen mehr als 1.300 gerettet werden konnten).

U 995 (Typ VII C), Vertreter des Standard-Front-Uboottyps der deutschen Ubootwaffe. Von den westlichen Alliierten im Oktober 1948 Norwegen überlassen und nach Umbau am 6. Dezember 1952 in Dienst als KAURA. 1965 als Geschenk an die Bundesrepublik zurückgegeben. 1972 an den Deutschen Marinebund abgegeben und am 13. März 1972 als Denkmal vor dem Marineehrenmal Laboe aufgestellt.

Diese Aufnahme vom September 1978 zeigt den Turm von U 995. Zu erkennen sind die Steuerbord-Tauchbunker (im Satteltank) und auf dem Turm das Funkmeßortungsgerät (FuMO 30), das ausgefahrene Luftzielsehrohr, das Angriffssehrohr und der Funkpeilrahmen. Im Peilrahmen (diesen überragend) sitzt die Antenne des Funkmeßbeobachtungsgerätes (FuMB 35) ATHOS I (der obere Ring für den 3 cm-Bereich, der untere für den 9 cm-Bereich). Auf den beiden Plattformen ("Wintergärten") stehen zwei 2 cm-Flak-Zwillinge 38 M/II in Doppellafette LM 34 U und eine 3,7 cm-Flak M 42 U in Einzellafette LM 42 U.

U 40 (Typ IX). Dieser Typ war für die weiträumige ozeanische Verwendung ausgelegt und hatte einen sehr großen Fahrbereich. Die Aufnahme stammt von 1939. Am 13. Oktober 1939 ist das Boot im Ärmelkanal durch Minentreffer verlorengegangen.

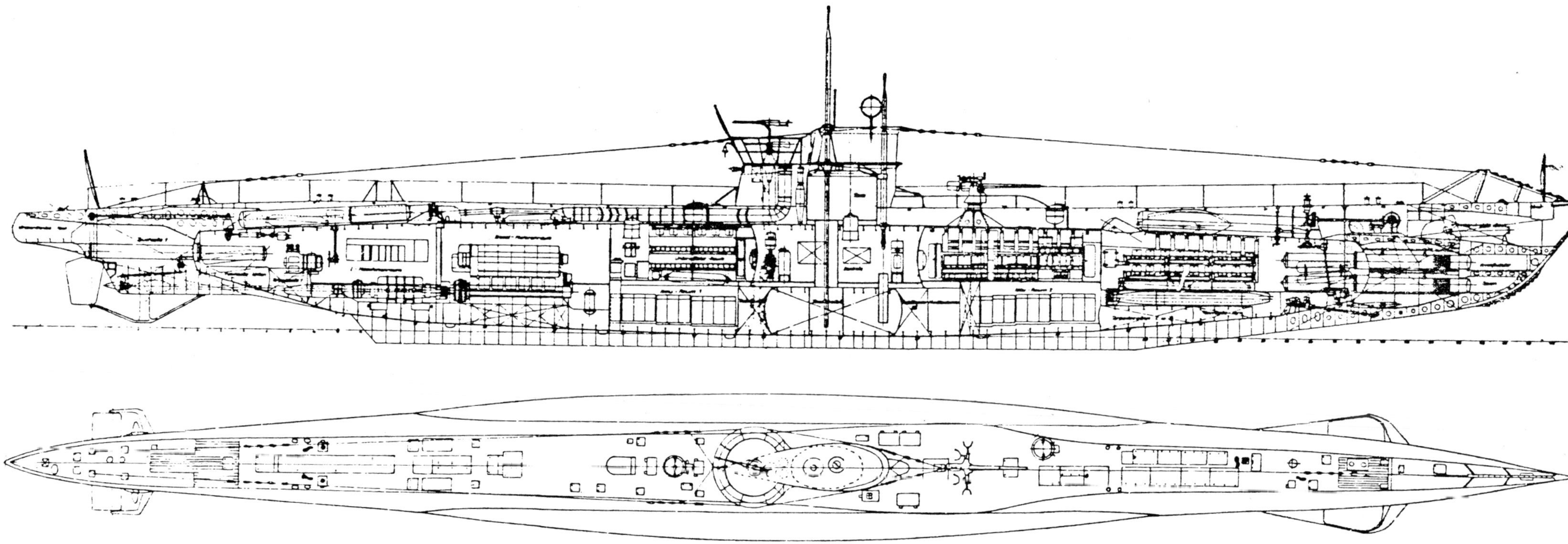

EIN TYP VII C-BOOT MIT LÄNGSSCHNITT UND OBERER ANSICHT

Zwei überlebende Front-Uboote: Links U 1064 (Typ VII C), rechts das wesentlich größere Typ IX D_2-Boot U 861. Letzteres war nach seiner 1943 erfolgten Indienststellung nach Ostasien beordert worden, von wo aus es am 18. April 1945 nach einem Seetörn von 251 Tagen unbeschädigt zurückkehrte. Diese Aufnahme entstand am 20. Mai 1945 vor dem Ubootbunker in Drontheim.

U 116 (Typ X B) gehörte zu einer Serie von speziell zum Minenlegen und für Transportzwecke konzipierten Booten mit sehr großem Fahrbereich. Gut erkennbar ist die etwas über das Vorschiff ragende Minensektion, in der 18 Minen untergebracht werden konnten. Diese befanden sich in senkrechten Schächten zu je vieren übereinander.

Zwei in "Päckchen" liegende Boote, offenbar kurz vor dem Auslaufen zur nächsten Feindfahrt. Die Besatzungen sind mit Front zur Pier angetreten und werden vermutlich gerade verabschiedet. Das Boot links gehört zum Typ VII C. Im Vordergrund ein X B-Boot. Auf seinem Oberdeck sind Gleise erkennbar, auf denen die Minen nach Übernahme bis zu ihren Schächten verfahren werden konnten. Die seitlichen kreisrunden Öffnungen zeigen die Positionen der Minenschächte.

U 119 (Typ X B) im Frühjahr 1942 bei der Germania-Werft in Kiel. Es liegt längsseits eines Frachtschiffes unter einem Tarndachgitter, eine Maßnahme, welche Folge der zunehmenden Luftangriffe war. Gut erkennbar der Minenschachtaufsatz, davor ein Kugelfender und das ausgefahrene KDB (Kristalldrehbasisgerät), das zu Horchzwecken unter Wasser diente, aber nicht sehr effektiv war. Vorne ein versenkbarer Poller.

Das für die Türkei bei der Germania-Werft im Bau befindliche Uboot BATIRAY wurde kurz nach Kriegsausbruch beschlagnahmt und als U A in Dienst gestellt. Hier ist es im Dezember 1941 in Lorient zu sehen. Das 10,5 cm-Geschütz befindet sich in einem wannenähnlichen Turmvorbau. Die Brücke war halb geschlossen und hatte vorn Sichtfenster.

Als im Frühjahr 1943 die "Schlacht im Atlantik" zusammenbrach, bestand ein plötzlicher Bedarf an Ubooten, die mehr als ihre Vorläufer für Unterwasserfahrt geeignet waren. Zwar hatte man mit den "Walter-Ubooten" die Entwicklung dazu bereits eingeleitet, aber eine Frontreife war erst langfristig zu erreichen. Eine schnelle Lösung konnte indessen mit den "Elektrobooten" erzielt werden, die als Typ XXI bezeichnet wurden. Ihre Stärke lag neben vielen technischen Neuerungen in der starken E-Antriebsanlage, die sie in die Lage versetzte, den Kampf gegen die alliierten Geleitzüge wieder aufzunehmen, wobei sie sich dank ihrer hohen Unterwassergeschwindigkeit Verfolgern entziehen konnten. Eine bahnbrechende Entwicklung mit vielen Erfolgschancen – aber zu spät! Hier der Turm eines solchen Bootes, auf dem zwei 2 cm-Zwillingsflak in kleinen Drehkuppeln im Turm postiert waren.

TYP XXI-UBOOT, GENERALPLAN, SEITEN-ANSICHT UND OBERE ANSICHT

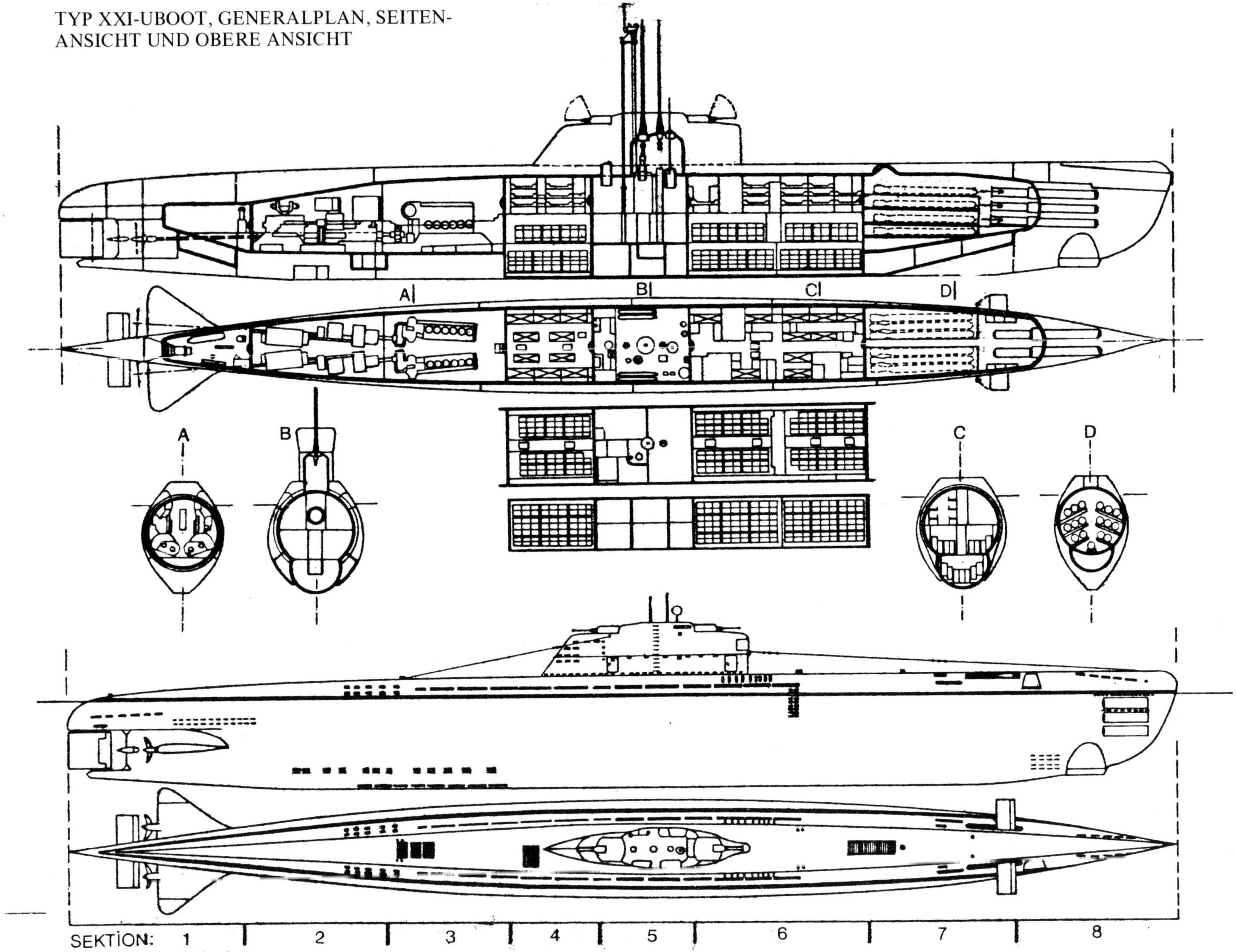

U 2513 war eines der Typ XXI-Boote, welche die Briten noch nachträglich das Fürchten lehrten. Ein Schwesterboot, U 2511, stand am 4. Mai 1945 westlich der Färöer-Island-Passage, als ihm die Nachricht von der bevorstehenden Kapitulation im Nordraum und das vom Großadmiral Dönitz erlassene Angriffsverbot zuging. Das von Korvettenkapitän Schnee geführte Boot brach daraufhin die Feindfahrt ab und näherte sich während des Rückmarsches einem britischen Kreuzerverband. Unbemerkt durchbrach es dessen Sicherung und kam bis auf 500 m Schußentfernung an den Schweren Kreuzer NORFOLK heran. Nach einem schulmäßigen Übungsangriff wurde der Rückmarsch fortgesetzt und Bergen angelaufen. Die Briten waren zunächst außerstande, Schnee zu glauben, ließen sich dann aber überzeugen. Der Ubootkrieg wäre mit Sicherheit wieder aufgelebt und hätte bei einer Fortdauer des Krieges wohl entscheidungsträchtige Dimensionen angenommen . . . Hier U 2513, das den Amerikanern zufiel und 1951 von ihnen bei Versuchen versenkt wurde.

U 2540 (Typ XXI) kam nicht mehr zum Einsatz und wurde am 4. Mai 1945 in der Flensburger Förde selbstversenkt. Nach Hebung 1957 ist es bei den Kieler Howaldtswerken wiederhergestellt und mit besonderer Genehmigung und unter Auflagen durch die Westeuropäische Union am 1. September 1960 für die Bundesmarine als WILHELM BAUER in Dienst gestellt worden.

U 2540, jetzt WILHELM BAUER, mit veränderter Turmform. Das Boot diente ausschließlich Versuchen und Erprobungen, fuhr in den letzten Jahren mit Zivilbesatzung und unterstand der Erprobungsstelle 71 der Bundeswehr. Nach Aussonderung im Jahre 1980 erfolgte die Abgabe an das Deutsche Schiffahrtsmuseum in Bremerhaven, wo das Boot seit 1983 liegt. Sein Urzustand wurde nie wiederhergestellt.

Die "kleinen Brüder" der Typ XXI-Boote waren die für den Randmeer- und Küsteneinsatz konzipierten Boote des Typ XXIII. Sie hatten die gleichen Fähigkeiten wie jene, aber ihr Aktionsradius und ihre Seeausdauer hielten sich in wesentlich engeren Grenzen. Hier U 2365 nach Hebung im Juli 1956. Das Boot war am 8. Mai 1945 im Kattegat Fliegerbomben zum Opfer gefallen. Nach seiner Wiederherstellung stellte es die Bundesmarine im August 1957 als Schulboot HAI wieder in Dienst.

Hier ist die HAI in ihrer ersten Erscheinungsform nach der Wiederherstellung zu sehen. Diesem Boot war ein tragisches Schicksal beschieden: Unter widrigen Umständen sank es am 14. September 1966 auf der Doggerbank. Von seiner Besatzung konnte nur ein Mann gerettet werden, die anderen 19 fanden den Tod, genausoviele wie am 8. Mai 1945, als das Boot zum erstenmal sank. Am 24. September 1966 konnte HAI gehoben werden und wurde alsbald danach abgebrochen.

Bei der Besetzung Frankreichs fielen den Deutschen zahlreiche noch unfertige Schiffe und Fahrzeuge in die Hände, von denen einige für die Kriegsmarine fertiggestellt wurden. Hierzu gehörten auch mehrere Uboote. Auf dieser Werft an der Atlantikküste wurden am 3. August 1940 die Uboote L'AFRICANE und LA FAVORITE auf ihren Helgen fotografiert. LA FAVORITE wurde 1942 als Schulboot UF 2 in Dienst gestellt.

Ein Typ II-Boot einlaufend Kiel im Winter 1939/40. An der Pier ein Zerstörer bei der Dampfprobe.

DIE GRUNDTYPEN DER DEUTSCHEN FRONT-UBOOTE

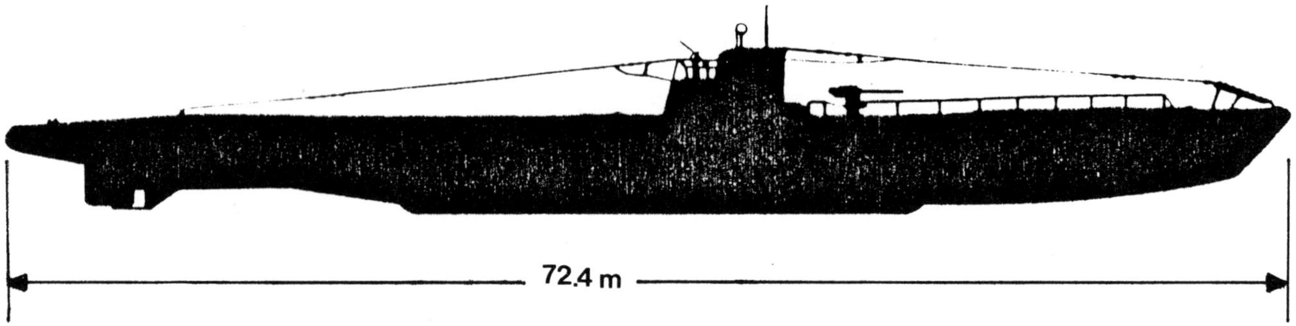

Typ I A (Indienststellung 1936). Verdrängung über/unter Wasser 862/983 t. Geschwindigkeit über/unter Wasser 17,7 bis 18,6/8,3 kn. Bewaffnung: 6 Torpedorohre (14 Torpedos); eine 10,5 cm-Kanone, eine 2 cm-Flak. Fahrstrecke: 7900 sm bei 10 kn Überwasserfahrt.

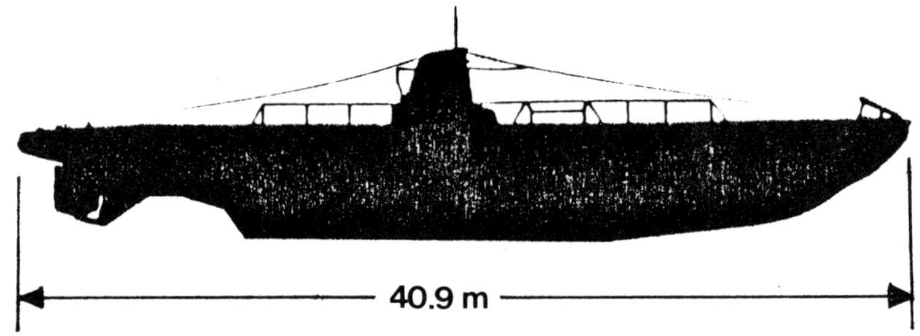

Typ II A (Indienststellung ab 1935). Verdrängung über/unter Wasser 254/303 t. Geschwindigkeit über/unter Wasser 13,0/6,9 kn. Bewaffnung: 3 Torpedorohre (5 Torpedos), eine 2 cm-Flak (zeitweise). Fahrstrecke: 1600 sm bei 8 kn Überwasserfahrt.

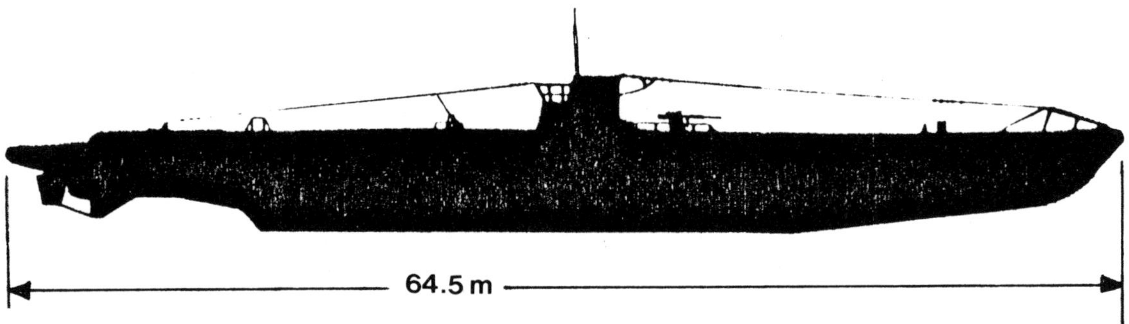

Typ VII (Indienststellung ab 1936). Verdrängung über/unter Wasser 626/745 t. Geschwindigkeit über/unter Wasser 16,0 bis 17,0/8,0 kn. Bewaffnung: 5 Torpedorohre (11 Torpedos): eine 8,8 cm-Kanone, eine 2 cm-Flak. Fahrstrecke: 6200 sm bei 10 kn Überwasserfahrt.

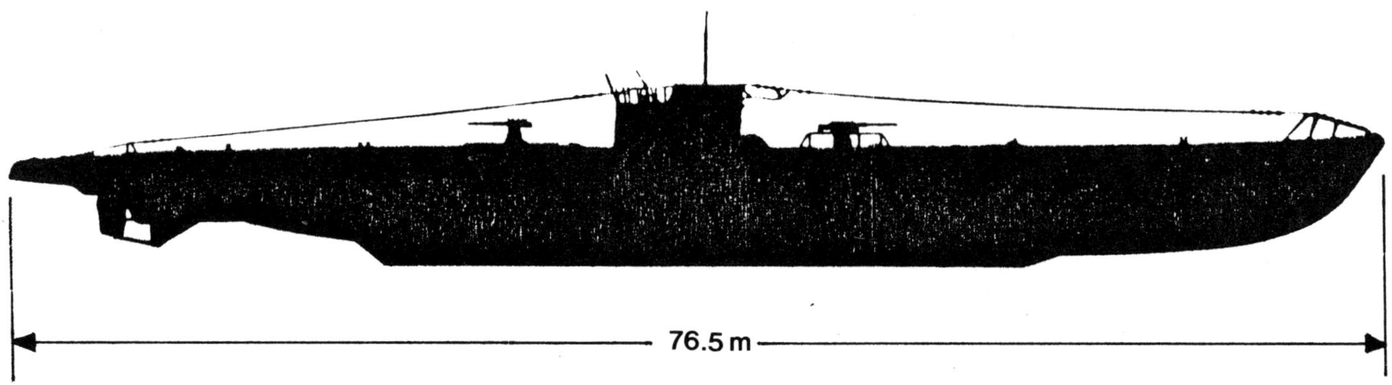

Typ IX (Indienststellung ab 1938). Verdrängung über/unter Wasser 939/1032 t. Geschwindigkeit über/unter Wasser 18,2/7,7 kn. Bewaffnung: 6 Torpedorohre (22 Torpedos); eine 10,5 cm-Kanone, eine 3,7 cm- und eine 2 cm-Flak. Fahrstrecke: 10 500 sm bei 10 kn Überwasserfahrt.

Typ X B (Indienststellung ab 1941). Verdrängung über/unter Wasser 1695/2177 t. Geschwindigkeit über/unter Wasser 16,4 bis 17,0/7,0 kn. Bewaffnung: Zwei Torpedorohre (15 Torpedos), 66 Minen, eine 10,5 cm-Kanone, eine 3,7 cm- und eine 2 cm-Flak. Fahrstrecke 18 450 sm bei 10 kn Überwasserfahrt.

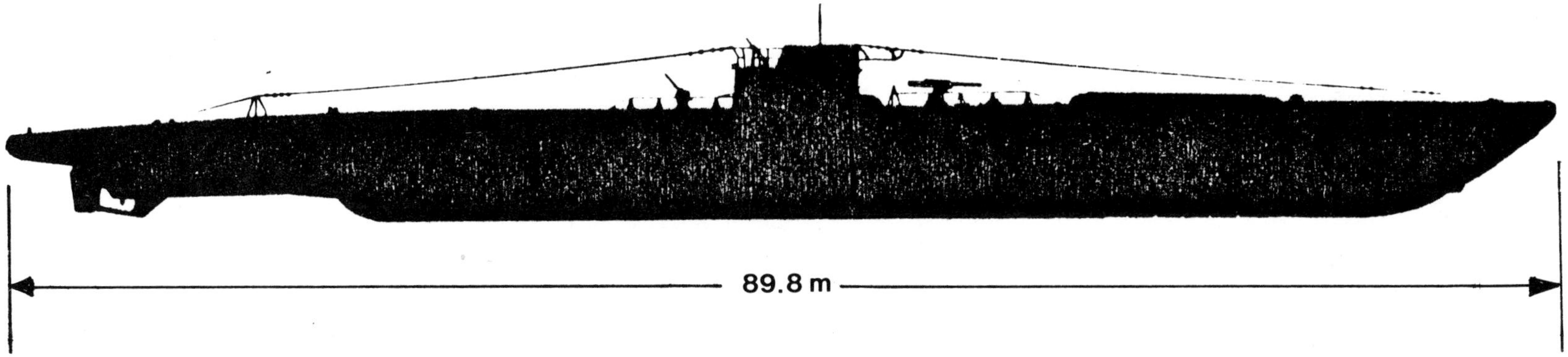

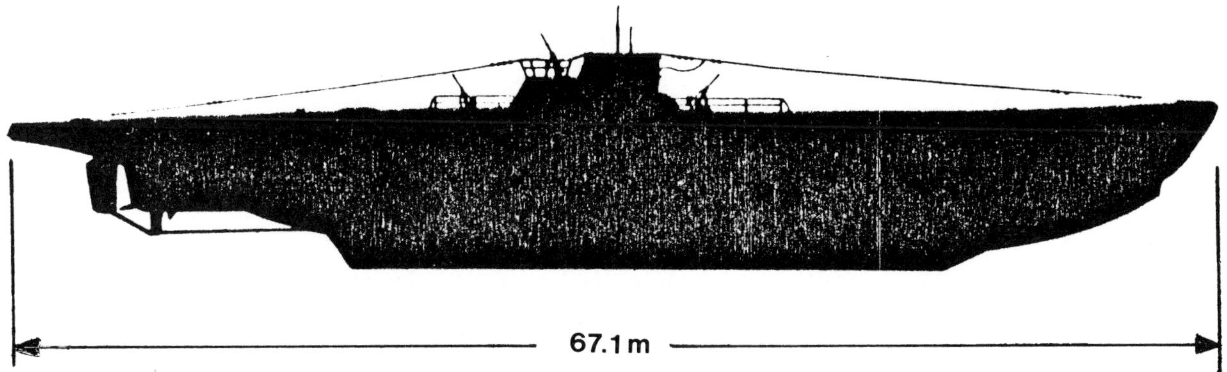

Typ XIV (Indienststellung ab 1941). Verdrängung über/unter Wasser 1688/1932 t. Geschwindigkeit über/unter Wasser 14,4 bis 14,9/6,2 kn. Bewaffnung: Keine Torpedorohre, nur zwei 3,7 cm-Flak. Als Versorgungsfracht 4 Torpedos und 432 t Dieselkraftstoff. Fahrstrecke: 12 350 sm bei 10 kn Überwasserfahrt.

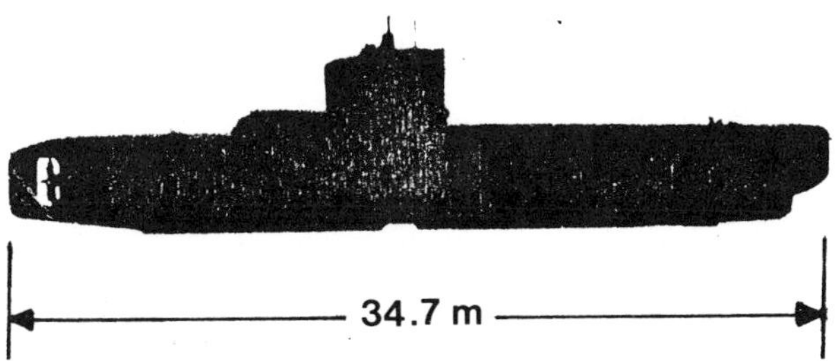

Typ XXIII (Indienststellung ab 1944). Verdrängung über/unter Wasser 234/258 t. Geschwindigkeit über/unter Wasser 9,7/12,5 kn. Bewaffnung: 2 Torpedorohre (2 Torpedos). Fahrstrecke: 4450 sm bei 6 kn Überwasserfahrt.

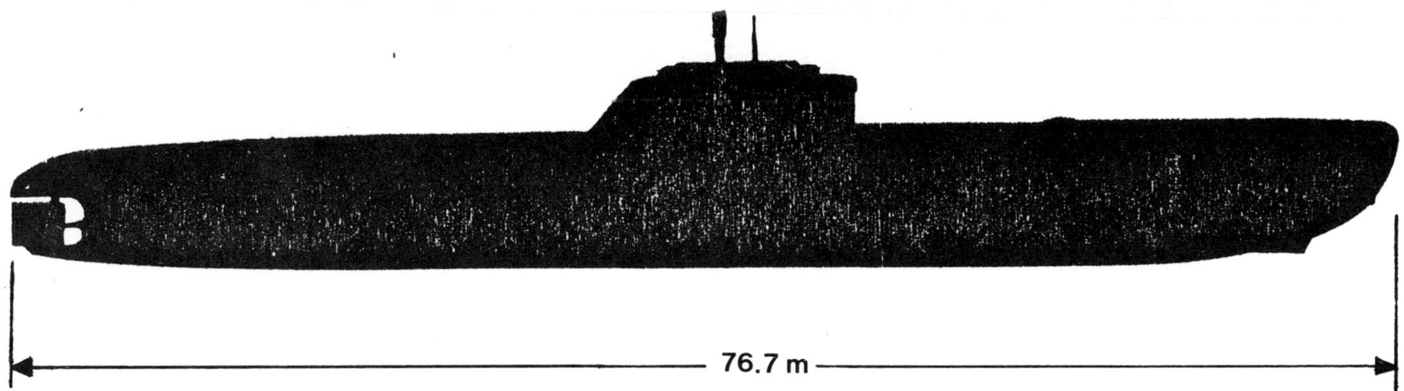

Typ XXI (Indienststellung ab 1944). Verdrängung über/unter Wasser 1621/1819 t. Geschwindigkeit über/unter Wasser 15,6 bis 17,2/6,1 kn. Bewaffnung: 6 Torpedorohre (23 Torpedos). Fahrstrecke 15 500 sm bei 10 kn Überwasserfahrt.

Ubootbau bei der Germania-Werft in Kiel. Hier werden die Spanten gesetzt (das "Herzstück" jedes Druckkörpers). Der Abstand der Spanten zueinander betrug normal 600 mm (beim VII C-Boot waren es 82 Stück). Im Gegensatz zu anderen Kriegsschiffen waren hier wesentlich kleinere Abstände erforderlich, weil der Druckkörper im getauchten Zustand viel größeren Belastungen ausgesetzt war. Bei einem Druckkörper von fünf Metern Durchmesser mit einer Länge von einem Meter lastete bei einer Tiefe von 200 m immerhin ein Druck von 1000 Mp auf ihm – es gab Boote, die, wenn auch unfreiwillig, auf über 270 m Tiefe "abrutschten". Die Spanten bestanden aus gewalztem Stahl oder wurden aus T-Profilen hergestellt. Zum Teil schweißte man die Profile auch aus Platten zusammen.

Germania-Werft Kiel 1940/41: Hier die beiden zusammengeschweißten Schüsse VII und VIII des Neubaus Nr. G 651 (später U 221, Typ VII C). Gut erkennbar die zahlreichen Durchbrüche des Endbodens für die Torpedodohre, Gestänge und Rohrleitungen mit ihren Verstärkungen. Als Druckkörpermaterial diente – mit Verbesserungen und weiterentwickelten Materialien – normalerweise der schweißbare, stark kohlenstoffangereicherte Baustahl ST 52 (Festigkeit 5200 kp/cm^2, Streckgrenze 3600 kp/cm^2). Die Plattenstärke betrug 18,5 mm, im Turmbereich 22 mm und bei den Endböden 35 mm. Letztere waren gewölbt und aus Stahlguß. Die Stutzen für die Torpedorohre wurden entweder angegossen oder angeschweißt. Der Typ VII hatte acht Schüsse und zwei Endböden.

Stapellauf von U 968 (Typ VII C) bei Blohm & Voß am 28. Januar 1943. Der Blick geht auf die beiden dreiflügeligen Propeller, davor, im Schraubenstrom sitzend, die beiden Ruderblätter. Dazwischen sind die beiden drehbaren hinteren Tiefenruder, gehaltert am jeweiligen Wellenbock und am Mittelkiel, von wo mittels Fernbedienung die Steuerung erfolgte. Unter dem achteren Bootskörper die geschlossene Klappe des Hecktorpedorohres, über dieser Flut- bzw. Entwässerungsschlitze.

U 70 (Typ VII C) kurz vor dem Stapellauf bei der Germania-Werft in Kiel. Es kam am 12. Oktober 1940 zu Wasser und stellte am 23. November 1940 in Dienst. Am 7. März 1941 fiel es südöstlich Island Wasserbomben zum Opfer. Der Monat März 1941 war einer der ersten großen Aderlasse der Ubootwaffe. Gleich drei "Asse" kehrten nicht zurück: U 47 (Prien), U 99 (Kretschmer) und U 100 (Schepke).

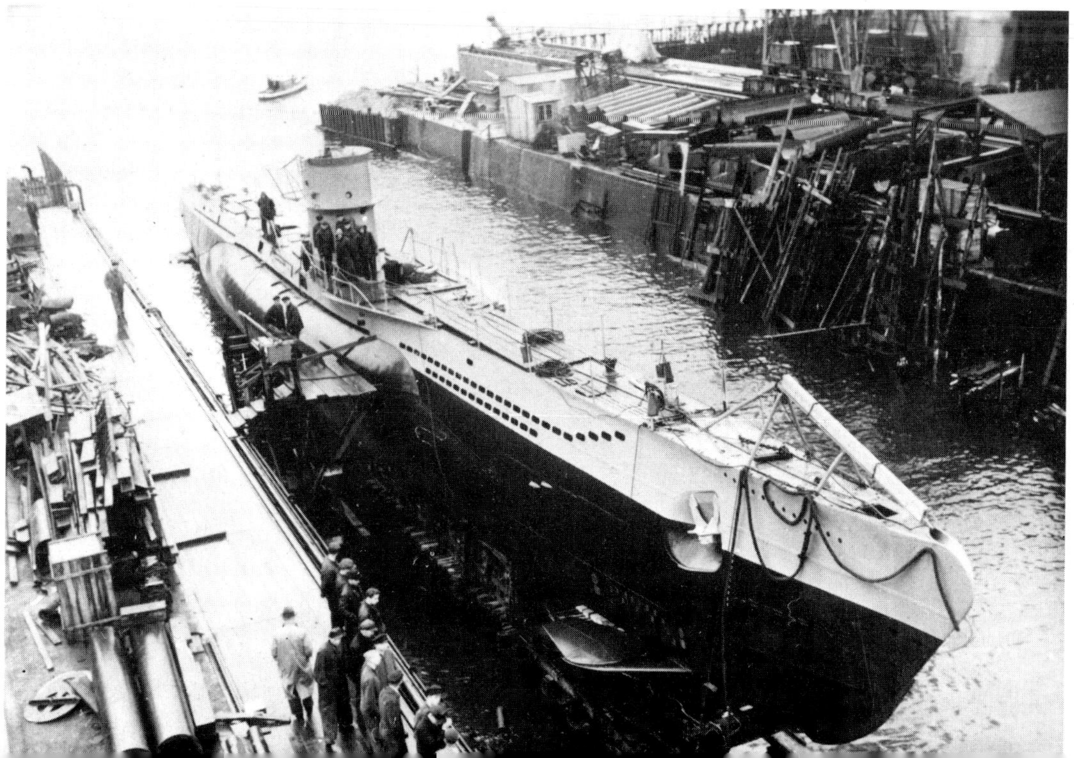

Stapellauf U 99 (Typ VII B) am 12. März 1940 bei der Germania-Werft in Kiel. Das Boot stellte am 18. April 1940 unter Kapitänleutnant Kretschmer in Dienst und fiel am 17. März 1941 südöstlich Island Wasserbomben zum Opfer. Unter den drei Toten befand sich auch der L.I., Kapitänleutnant (Ing.) Schröder, der nochmals in das sinkende Boot zurückkletterte, um sicherzustellen, daß es auch wirklich unterging.

Hochbetrieb bei der Germania-Werft in Kiel im Jahr 1943. An der vorderen Stichpier je ein Boot vom Typ VII D und VII C, an der hinteren Pier zwei Boote des Typs X B. Im Dock der Zerstörer Z 37.

Ein Boot des Typs IX im Dock. Hier sind gut zu erkennen die beiden Backbord-Bugtorpedorohre mit geöffneten Klappen und Verschlüssen. Die schwenkbaren Außenklappen waren in ihrer Formgebung der Außenhaut angepaßt und befanden sich im Normalfall mit dieser in einer Flucht. Die Torpedorohre waren druckfest, vorne saß der Mündungsdeckel und hinten (im Boot) der Bodenverschlußdeckel. Etwa zwei Drittel des Rohres saßen außerhalb des Druckkörpers und hatten Außenspanten. Vor Öffnung des Torpedorohres zum Schießen wurde es vorgeflutet. Der Torpedoausstoß erfolgte mittels Luftdruck mit einer Ausstoßgeschwindigkeit von 10 m/sek.

Ein Steuerbordantriebsdieselmotor des Typs Krupp-Germania F 46 a 6 p U auf dem Prüfstand der Bauwerft. Die Verkleidung der Nockenwelle ist abgenommen. Der isolierte Zylinder dahinter gehört zur angehängten Wasserbremse. Zum Einbau auf einem Uboot wurden weitere Teile des Motors abgebaut. An den Seiten der Kurbelwanne sitzen die Explosionsklappen. Jedes Uboot des Typs VII hatte zwei dieser 6-Zylinder-Viertaktmotoren, die zusätzlich aufgeladen waren und mit ihren 1 400 bis 1 600 PSe Leistung eine Geschwindigkeit von 17 bis 18 kn ermöglichten.

Indienststellung U 123 (Typ IX B) bei Deschimag in Bremen am 30. Mai 1940. Am 19. August 1944 wurde das Boot in Lorient selbstversenkt. Später gehoben, fuhr es als BLAISON in der französischen Marine bis zur Streichung am 18. August 1959. Das Boot hatte seine größten Erfolge unter Kapitänleutnant Hardegen. Die an der Reling hängende alte kaiserliche Kriegsflagge war anscheinend wegen des Skagerrakgedenkens am Tage nach der Indienststellung gesetzt. Vor dem Boot liegt links daneben ein weiteres Typ IX-Boot.

Indienststellung U 705 (Typ VII C) bei der Werft Stülcken Sohn in Hamburg am 30. Dezember 1941. Länggseits des Schwimmdocks erkennt man ein M-Boot 35, an den gegenüberliegenden Landungsbrücken ein tarnbemaltes Handelsschiff. Vor dem Turm des Bootes noch die 8,8 cm-Tk L/45 (im Verlauf des Krieges bei den meisten Booten entfernt). Die 2 cm-Flak auf der Plattform ist noch nicht vorhanden.

4. Januar 1941: Indienststellung U 203 (Typ VII C) unter Kapitänleutnant Mützelburg bei der Germania-Werft in Kiel. Mützelburg fand einen tragischen Tod: Am 11. September 1942 verunglückte der erfolgreiche Kommandant in der Karibik beim Baden tödlich, als er sich bei einem Kopfsprung vom Turm das Genick brach. Er sprang nicht weit genug und schlug auf die Satteltanks auf.

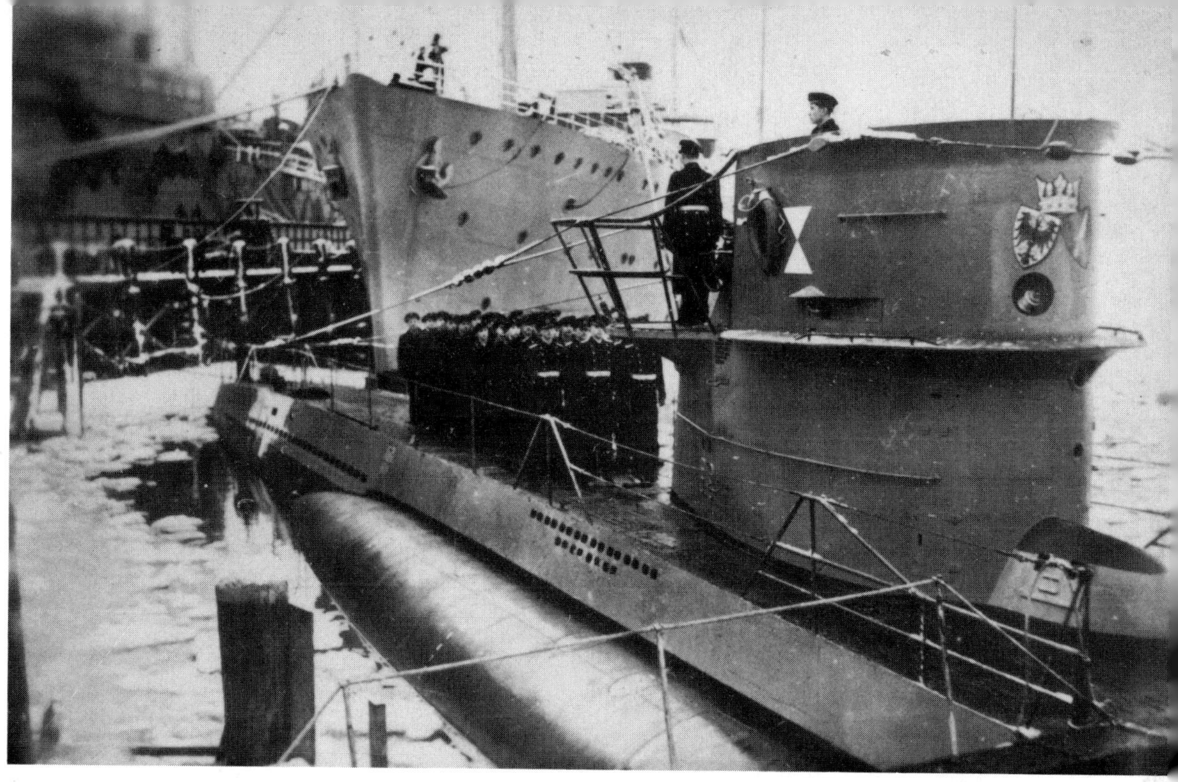

Frühjahr 1944: Auf der Weserwerft in Bremen liegen die Sektionen für das erste dort zu bauende Typ XXI-Boot (U 3001) bereit. Diese neuen Boote wurden ausschließlich im Sektionsbauverfahren gebaut. Die stählernen Rohsektionen wurden von Stahlbaufirmen, teils tief im Hinterland (insgesamt 32) gefertigt und dann zu den Sektionsbauwerften (insgesamt 11) transportiert. Nach der Ausrüstung dort gingen die jetzt fertigen Sektionen an die Montagewerften (insgesamt 3) in Bremen, Hamburg und Danzig, wo der Zusammenbau erfolgte. Trotz stetiger Steigerung des Bombenkrieges wurde der Ubootbau nicht gestoppt. Erst als sich die Fronten den Werften in Ost- und Westdeutschland näherten und die Verkehrswege zusammenbrachen, kam er zum Erliegen.

AUSRÜSTUNG, EINRICHTUNGEN

U 86 (Typ VII B) im Sommer 1942 bei einem Tauchversuch. Das Boot ist bereits vorgeflutet; aus der achterlichen Vogelperspektive sind zu sehen: Achterkante Mitte Reling Öffnung für den Flaggenstock, Plattformmitte die Lafette LC 30/37 für die 2 cm-Flak C/30 (Rohr abgenommen). Es folgen der (noch) in der Mitte sitzende Lüftungsschacht (für Dieselzuluft und Bootslüftung) mit Schutzgitter, die Öffnung für das Angriffssehrohr, die Halterung und das Unterteil für den Peildiopter, die Halterung für das UZO (Uboot-Nachtziel-Optik), der Bock mit Öffnung für das Luftzielsehrohr; links am Brückenschanzkleid ein Ruderlagenzeiger, darüber eine Kreiselkompaßtochter, rechts ein Sprachrohr und der ausgefahrene Funkpeilrahmen.

U 81 (Typ VII C) im Jahre 1943 mit verlängerter Brücke. Auf der Plattform stehen zusätzlich zwei (ital.) 1,32 cm-Breda-MG in Doppellafetten. Am 13. Oktober 1941 versenkte das Boot den britischen Flugzeugträger ARK ROYAL und traf mit einem weiteren Torpedo das Schlachtschiff MALAYA so schwer, daß es nur mit Mühe und viel Glück den Hafen erreichte; dieses wurde bis Kriegsende nicht mehr einsatzfähig. Am 4. Januar 1944 fiel das Boot in Pola Bomben zum Opfer.

U 67 (Typ IX C), aufgenommen im Herbst 1942. Der Blick auf die Brücke macht den Zustand bei Überwasserfahrt deutlich: Die Brückenwache ist aufgezogen, jeder Ausguck überwacht einen 90°-Sektor, ein Mann peilt gerade in die Sonne – besonders wichtig, denn immer wieder stießen aus der Sonne heraus überraschend Flugzeuge (mit abgestellten Motoren) auf die aufgetauchten Boote herab. Vorn sichtbar der Backbord-Lüftungsschacht mit Schutzgitter; der Funkpeilrahmen ist ausgefahren.

Ein großes Boot vom Typ IX D_2, bereits mit großem "Wintergarten" (sogenannter Brückenumbau IV ab 1944). Das Boot befindet sich offenbar noch in der Ausbildung, man sieht Besatzungsangehörige bei Richt- und Luftzielschießübungen. Vorn im Bild zwei in das Oberdeck eingelassene Behälter für Reservetorpedos. Die Fla-Waffen sind zwei 2 cm-Doppelrohre C/38 II in Lafetten LM 43 U und ein 2 cm-Vierling 38/43 U mit Schutzschild.

Im Eismeer etwa 1942/43. Ein VII C-Boot liegt unter Tarnnetz und vorgeflutet auf Position. Eine nicht ganz ungefährliche Sache, bei einem Alarmtauchen würde das Netz sicherlich Komplikationen hervorrufen. Das Boot führt vor dem Turm noch die 8,8 cm-Tk L/45, aber schon einen doppelten "Wintergarten", auf dem je eine 2 cm-Flak C/30 in Lafette LC 30/37 erkennbar sind. Auf der Turmumrandung sind Maschinengewehre montiert.

Die Aufnahme zeigt offensichtlich das gleiche Boot, jetzt jedoch in Fahrt. Im Hintergrund ein Eisberg. Vorne links ist eine der 2 cm-Flak C/30 zu erkennen, rechts davon der Sehrohrbock und in der Mitte das ausgefahrene Funkmeßbeobachtungsgerät (FuMB 7) NAXOS.

U 119 (Typ X B) im April 1943 in Bordeaux. Das Boot stellte am 2. April 1942 bei der Germania-Werft in Kiel in Dienst und ging am 24. Juni 1943 westlich Cap Ortegal unter. Gut sichtbar einer der entkleideten, seitlich montierten Transport-Frachtbehälter an Stelle der dort eigentlich befindlichen Minenschächte. Auf der Back ist der erhöhte Aufsatz in der Bootslängsachse mit den dort sitzenden sechs Minenschächten gut zu erkennen.

Wilhelmshaven, III. Einfahrt: Typ VII-Boote der U-Flottille "Saltzwedel" beim Einschleusen. Die Aufnahme entstand vermutlich nach Abschluß der großen Ubootübung im Sommer 1939.

Der Funkraum von U 124 (Typ IX B) – eine Aufnahme vom März 1941. Was sonst "verbotener Bereich" war – hier gestattet die Aufnahme einen Blick in diesen. Gut zu erkennen ist ein Teil der zahlreichen Sende- und Empfangsgeräte, oben links Kopfhörer, ähnlich jenen für die Horchanlage (der Bordfunker übte auch diese Funktion aus !). Vorn links die Schlüsselmaschine "Enigma", ein streng gehütetes Geheimnis. Mittels dieses Gerätes wurden ein- und ausgehende Funksprüche ent- bzw. verschlüsselt; hierzu dienten die gut sichtbaren, täglich zu wechselnden Walzen in dem Gerät. Entwickelt worden war die "Enigma" 1923, in der Folgezeit wurde sie laufend verbessert. Trotz aller Geheimhaltung gelang es 1928 den Polen, hinter das Geheimnis zu kommen und das Gerät nachzubauen. 1939 gaben sie ihr Wissen an die Briten weiter, denen es ab Ende desselben Jahres gelang, in den deutschen Schlüssel einzubrechen, ohne daß dies deutscherseits erkannt wurde. Dadurch wurden die Briten und ihre Alliierten in die Lage versetzt, frühzeitig über viele geplanten oder anlaufenden deutschen Operationen unterrichtet zu sein und Gegenmaßnahmen zu treffen.

Blick in den Bugtorpedoraum von U 505 (Typ IX C). Die Aufnahme entstand nach Aufstellung als Museumsboot in Chicago. Rechts ist ein Torpedo in seiner Wiege zu sehen, er liegt klar zum Einführen in das obere Steuerbordrohr. Im darunterliegenden Rohr befindet sich ein Torpedo, dessen beide gegenläufigen Schrauben sichtbar sind; der Verschlußdeckel ist offen. Das untere Backbord-Rohr ist geschlossen, das obere sowohl vorn als auch hinten geöffnet. Die Flurplatten sind offengelegt, so daß man einen Überblick auf die darunter liegenden Einrichtungen hat. Die Kojen der Steuerbordseite sind hochgeklappt, die der Backbordseite herabgelassen.

Der Bugraum von U 107 (Typ IX B) im Juni 1941 im Mittelatlantik. Auf den Kojen der Backbordseite liegen "Freiwächter", rechts unten sind Torpedomechaniker bei den täglichen Wartungsarbeiten an den Reservetorpedos. Die herabhängenden Ketten gehören zu den Transportschienen für die Handhabung der Torpedos. Das Boot stellte am 8. Oktober 1940 unter Kapitänleutnant Heßler in Dienst. Unter seinem Kommando machte es auch die erfolgreichste Feindfahrt aller Frontboote. Sie währte vom 29. März bis 2. Juli 1941; dabei wurden 14 Schiffe mit 86 699 BRT versenkt. Am 18. August 1944 sank das Boot westlich La Rochelle nach Fliegerbombentreffer.

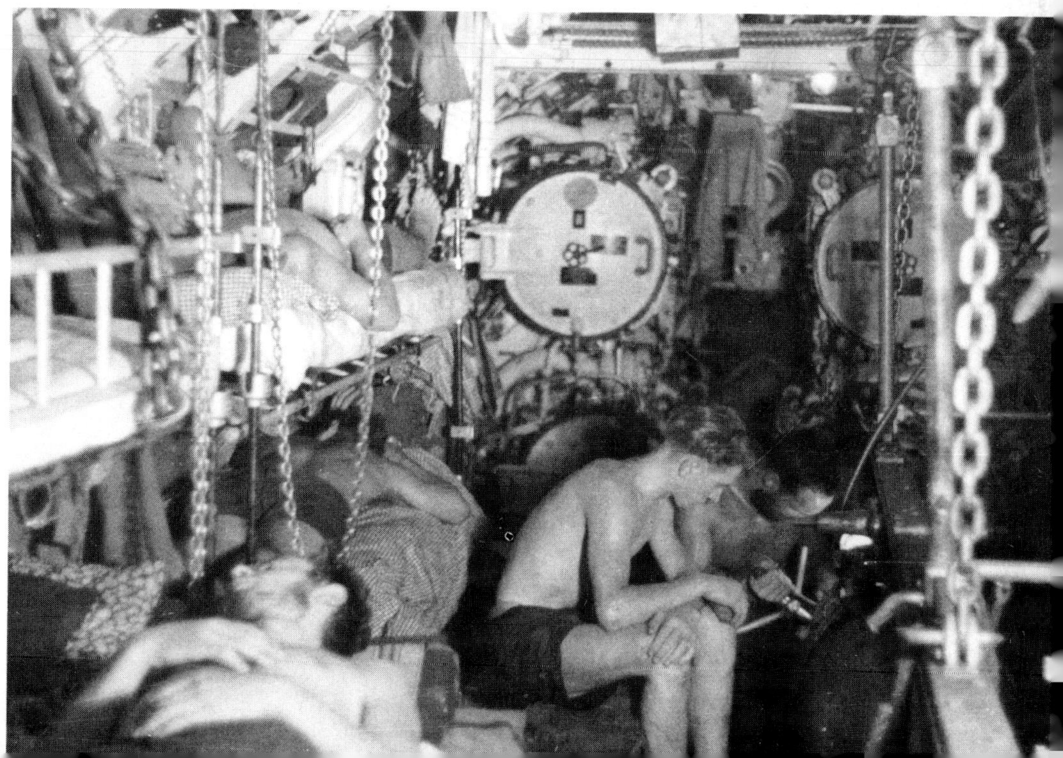

Ein weiterer Blick in einen Bugtorpedoraum, hier von U 103 (Typ IX B). Die Aufnahme entstand im Sommer 1942 im Westatlantik. Die mitgeführten Reservetorpedos (insgesamt konnten 22 von Booten dieses Typs verstaut werden, weitere in druckfesten Behältern an Oberdeck), befinden sich unter der teilweise abgenommenen Abdeckung. Wenn man dann noch die Kojen herabließ, gab es selbst bei den Mahlzeiten kein bißchen Komfort.

Nochmals ein Blick in den Bugraum eines großen Bootes. Die Kojen sind auf beiden Seiten herabgelassen, die Männer kauern auf den Abdeckungen der Reservetorpedos. Beachtenswert ist die rigorose Raumausnutzung, unter der Decke hängt Backsgeschirr, die Spanten sind – bis auf kleine Spinde an den Seiten – nicht verschalt, eine Isolierung gab es nicht. Ferngestänge und andere sperrige Armaturen sind an den Kanten und Ecken mit Lederpolster versehen, um bei der Besatzung Ausfälle durch Verletzungen zu vermeiden.

U 65 (Typ IX B). Die Aufnahme zeigt einen Teil der Zentrale, hier den an der Stirnseite befindlichen Tiefenruderstand. Die beiden Gasten sitzen an je einem Rudergeber, deren Betätigung durch elektrische Knopfsteuerung (wie sichtbar) erfolgte. Die Tiefenruder konnten auch mittels der erkennbaren Handräder auf mechanischem Wege betätigt werden. An der Schottwand rechts Überwachungsinstrumente: Ruderlagenzeiger, Tiefenmanometer, Papenbergmanometer. Letzteres diente zur Feineinsteuerung, z. B. um das Boot genau auf Sehrohrtiefe einzupendeln. Die Tiefenmesser waren Röhrenfedermesser und zeigten Tiefen bis 25 m an. Weitere reichten bis 200 m bzw. 250 m und tiefer.

Blick in die Zentrale eines Typ VII-Bootes. Die Männer sitzen um den an der Schottwand hängenden Bordlautsprecher und – die ernsten Mienen lassen darauf schließen – lauschen offensichtlich wichtigen Rundfunknachrichten. Die runde Öffnung ist der Durchgang in den vorderen Bootsbereich (Kommandanten-, Funk-, Horch-, Portepeeunteroffiziers-, Offiziers- und Bugtorpedoraum). Bei Alarm mußte man schon sehr wendig sein, um diese enge Öffnung mit Schwung zu passieren. Die Zentrale konnte von beiden Seiten mittels eines druckfesten Kugelschottes mit Zentralverriegelung verschlossen werden (zum Turm hin saß ein weiteres) Links oben das große Handrad der im Vorschiff außerhalb des Druckkörpers liegenden Tauchzelle 5, rechts sieht man den Backbord-Maschinentelegraphen und darunter eine Kreiselkompaßtochter. Beides gehörte zum Tiefenruderstand.

Der Fahrstand des Steuerbord-Antriebsdieselmotors auf U 65, aufgenommen im September 1940. Die beiden M.A.N.-9-Zylinder-Viertakt-Dieselmotoren (Typ M 9 V 40/46) mit Aufladung leisteten je 2200 PSe bei 470 u/min und verliehen dem Boot eine Überwassergeschwindigkeit von 18,2 kn. Zwischen dem Fahrmaat und dem Motor sieht man die Abgastemperaturmesser der einzelnen Zylinder und eine Reihe weiterer Überwachungsinstrumente. Die rechte Hand umfaßt das Fahrventil, rechts davon der Füllungsgeber. Eine Eigenart war die unterschiedliche Ausführung in der Formgebung aller Handräder, Knebel usw. Das sollte bei Lichtausfall sicherstellen, daß man auch in totaler Finsternis stets das richtige Ventil betätigte – mit ein Schwerpunkt in der Ausbildung.

Der E-Maschinenraum auf U 552 (Typ VII C), eine Aufnahme aus dem Jahre 1941.

KOMMANDANTEN

Kapitänleutnant Kretschmer am 5. September 1940 nach Verleihung des Ritterkreuzes im Kreise seiner Besatzung. Kretschmer war der "Tonnagekönig" des Zweiten Weltkrieges. Von September 1939 bis zum Untergang seines Bootes im März 1941 versenkte er mit den Booten U 23 und U 99 insgesamt 44 Schiffe mit 266 629 BRT. Er beendete seine Marinelaufbahn als Flottillenadmiral der Bundesmarine.

St. Nazaire am 23. Juni 1942: U 94 unter Oberleutnant zur See Ites läuft ein. Mit Ritterkreuz und "Flüstertüte" der Kommandant. Das VII C-Boot wurde bei der Germania-Werft in Kiel erbaut und stellte am 10. August 1940 unter Kapitänleutnant Kuppisch in Dienst. Am 28. August 1942 wurde es östlich Kingston durch Wasserbomben und Rammen versenkt. Dr. Ites trat als Konteradmiral der Bundesmarine in den Ruhestand und verstarb am 2. Februar 1982.

U 94 im April 1941 einlaufend in Lorient, hier noch unter Kapitänleutnant Kuppisch. Beachtenswert die vier Maate auf der Brücke mit "Melone". Es gab immer wieder Abwechslung, wenn sich Besatzungen Scherze dieser Art erlaubten – und sie wurden geduldet, sie waren das "Ventil" nach all den Entbehrungen und überstandenen Strapazen. Ubootfahrer konnten sich – in Grenzen zwar – immer etwas mehr herausnehmen als andere. Am Turm "Malings", hier Tiere (als Bootskennung oder Maskottchen). Eigentlich für die Dauer einer Feindfahrt untersagt, setzten sich auch hier viele Kommandanten darüber hinweg – das gehörte einfach zum Boot, und die Männer waren stolz auf "ihr" Emblem. Unten vor dem Turm, unter der Abdeckung, der Magnetkompaß. Auch im Peilrahmen hängt ein Maskottchen.

Einlaufen eines Typ VII C-Bootes in die Schleuse (vermutlich St. Nazaire). Ort und Datum sind nicht identifizierbar. Das Boot führt am Turm als Wappen ein weißes Emblem in schwarzem Feld. Die Besatzung eines in der Schleuse liegenden Typ IX-Bootes ist zur Begrüßung angetreten.

St. Nazaire am 1. April 1942; U 94 läuft ein. Auf der Pier ein Heeresmusikkorps, vorne der B.d.U., Admiral Dönitz, mit Offizieren seines Stabes und der Flottille. Dönitz nahm vielfach an der Begrüßung rückkehrender Boote teil, um seine Männer zu sehen und ihnen so seine Verbundenheit zu bekunden, aber auch um sich erste Eindrücke des Kommandanten nach der Feindfahrt vermitteln zu lassen. Das Boot ist kurz vor dem Festmachen, die Freiwache steht an Oberdeck, der hoch aus dem Wasser ragende Bootskörper weist darauf hin, daß es noch über wenig Brennstoff verfügt und seine Torpedos verschossen hat. An einem der ausgefahrenen Sehrohre hängen zahlreiche "Siegeswimpel". Dem Datum nach handelte es sich wohl um das letzte Einlaufen des Bootes, denn ein knappes Vierteljahr später fiel es dem Gegner zum Opfer.

Lorient im April 1941. Hoher Besuch auf U 94. Hier der Stabschef der SA, Victor Lutze, mit weiteren hohen SA-Führern im Gefolge des B.d.U. Es war die Zeit der großen Erfolge in der Atlantikschlacht – aber auch der ersten empfindlichen Verluste. Viele Hoffnungen ruhten auf den Ubooten, und so verging kaum ein Tag, an dem ihnen nicht irgendwelche Persönlichkeiten ihre Referenz erwiesen. Lutze, seit 30. Juni 1934 Stabschef der SA, verunglückte am 2. Mai 1943 nahe Potsdam bei einem Verkehrsunfall tödlich.

Der B.d.U., Admiral Dönitz, links von ihm sein Stabschef, Kapitän zur See Godt, und andere Offiziere begrüßen das rückkehrende U 124. Die Aufnahme entstand am 4. April 1941, der Kommandant, Kapitänleutnant W. Schulz, hat soeben das Ritterkreuz erhalten.

U 203 im Juli 1943 einlaufend Brest. Auf der Brücke Kapitänleutnant Mützelburg. Der Turm ist mit Girlanden geschmückt, dazwischen sind Siegeswimpel gesetzt. An der Vorderseite des Turmes die Stadtwappen Essens, der Patenstadt des Bootes.

St. Nazaire, 20. Mai 1941: Nach Festmachen von U 46 und U 552 tauschen die beiden Kommandanten erste Erfahrungen aus. Links Kapitänleutnant Topp (U 552), rechts Kapitänleutnant Endraß (U 46). Endraß hatte als Erster Wachoffizier (I.WO) von U 47 am Scapa Flow-Unternehmen teilgenommen und erzielte dann als Kommandant beachtliche Erfolge. Am 21. Dezember 1941 fand er auf seinem neuen Boot (U 567) mit der gesamten Besatzung den Soldatentod.

"Teddy" Suhren, einer der erfolgreichsten Kommandanten, hier auf der Brücke von U 564 (Typ VII C). Das Ritterkreuz war ihm schon 1940 verliehen worden, als er noch Erster Wachoffizier (I.WO) auf dem von Kapitänleutnant Herbert Schultze geführten U 48 war. 1941 erhielt er das Eichenlaub dazu und 1942 die Schwerter, eine der höchsten deutschen Tapferkeitsauszeichnungen. Als Kommandant von U 564 versenkte er 17 Schiffe mit rund 94 000 BRT. Er war höchst unkompliziert im Umgang mit anderen, menschlich, kameradschaftlich, humorvoll und mit ausgeprägtem Gerechtigkeitssinn – ein Menschenführer "par excellence"! Vergessen starb er am 28. August 1984 – sein Schicksal teilen viele seiner früheren Kameraden; mit Ausnahme von jenen hat sein Tod sonst niemanden berührt. Das Bild zeigt ihn, lässig über die Turmumrandung gelehnt, an seiner Mütze (wie auch an der Vorseite des Turms) das von seinem ersten Boot (U 48) übernommene Bootsemblem – "Dreimal schwarzer Kater".

U 81 (Typ VII C) am 28. Juli 1943 einlaufend Athen. Es hatte sechs Tage zuvor den britischen Frachter EMPIRE MOON versenkt und unter Kapitänleutnant Guggenberger war ihm am 13. November 1941 der britische Flugzeugträger ARK ROYAL zum Opfer gefallen. Die auf der Vorkante Turm befindliche Tafel deutet wahrscheinlich auf die Anzahl der durchgeführten Einsätze und Erfolge hin.

U 61 (Typ II C) kurz vor dem Ablaufen vom Slip nach einer kurzen Werftüberholung in Lorient. Das bei den Deutschen Werken in Kiel gebaute Boot stellte am 12. August 1939 in Dienst, war anfänglich, von Norwegen aus operierend, im Nordatlantik eingesetzt, fuhr später als Schulboot und wurde Anfang Mai 1945 in Wilhelmshaven selbstversenkt. Gut sichtbar die Mündungsklappe des Backbord-Bugtorpedorohrs und das vordere Backbord-Tiefenruder.

U 65 (Typ IX B) im September 1940 im Trockendock in Brest. Ein Teil der Decksbeplattung ist entfernt, zum Bug hin hat man ein Tarnnetz gesetzt. Unter der Plane am Steuerbord-Heckteil werden offensichtlich Reparaturen an der Außenhaut bzw. am Druckkörper durchgeführt.

Oben links: Noch einmal U 65 (Typ IX B), aufgenommen am 5. September 1940. Der Kommandant, Kapitänleutnant v. Stockhausen, führt den Generalleutnant Kratzert vom Heer als Gast über das Boot. Vorne steht noch die 10, 5 cm-Utof-Kanone L/45. Wie auch bei den Booten des Typs VII wurden die Geschütze im Verlauf des Krieges abgebaut und dafür die Flakausrüstung verstärkt.

Oben: Brest verfügte über mehrere Trockendocks, die anfänglich allen Anforderungen genügten. Diese Aufnahme vom März 1941 zeigt U 106 und U 124 (beide Typ IX B) während einer Überholung. Auch hier sind wegen der Luftbedrohung Tarnnetze angebracht. Das Boot links hat offenbar Reparaturen, die gegen Außensicht besonders abgeschirmt werden müssen, vermutlich im Bereich der beiden Torpedonachladeluken.

Links: Ein Typ VII C-Boot in einer der Boxen eines Ubootbunkers an der westfranzösischen Küste. Mit wachsender Luftbedrohung und den damit verbundenen Bombenangriffen auf die Stützpunkte der französischen Atlantikküste gab es als einzige Alternative den ab 1941 forciert betriebenen Bunkerbau. In ihnen waren die Boote relativ sicher und konnten nahezu unbehelligt überholt werden.

Lorient, ein Typ VII C-Boot verholt mittels Schlepper in die Werft. Unter dem großen Hammerkran liegt ein weiteres Boot und am gegenüberliegenden Ufer ebenfalls. Der sich rechts ins Bild schiebende hochbordige Schiffskörper ist hier nicht identifizierbar.

U 37 (Typ IX) im vorgefluteten Trockendock in Lorient.

Zwei Typ VII C-Boote längsseits des Aviso GRILLE.

Die zwölf erfolgreichsten deutschen Ubootkommandanten im Zweiten Weltkrieg

Name Letzter Dienstgrad	Befehligte Boote	Versenkungserfolge	
		Handelsschiffe	Kriegsschiffe
Otto Kretschmer Korvettenkapitän	U 23, U 99	44 mit 266 629 BRT	1 Zerstörer
Wolfgang Lüth Korvettenkapitän	U 9, U 138, U 43, U 181	43 mit 225 713 BRT	1 Uboot
Erich Topp Korvettenkapitän	U 57, U 552, U 2513	34 mit 193 684 BRT	1 Zerstörer
Karl-Friedrich Merten Korvettenkapitän	U 68	29 mit 180 744 BRT	
Victor Schütze Korvettenkapitän	U 11, U 25, U 103	34 mit 171 164 BRT	
Herbert Schultze Kapitänleutnant	U 48	26 mit 171 122 BRT	
Georg Lassen Kapitänleutnant	U 29, U 160	28 mit 167 601 BRT	
Heinrich Lehmann-Willenbrock Kapitänleutnant	U 8, U 5, U 96, U 256	22 mit 166 596 BRT	
Günther Prien Korvettenkapitän	U 47	28 mit 164 953 BRT	1 Schlachtschiff
Heinrich Liebe Kapitänleutnant	U 38	30 mit 162 333 BRT	
Joachim Schepke Kapitänleutnant	U 3, U 19, U 100	39 mit 159 130 BRT	
Werner Henke Kapitänleutnant	U 515	25 mit 156 829 BRT	1 Zerstörer 1 Hilfskriegsschiff

Otto Kretschmer
Korvettenkapitän

Wolfgang Lüth
Korvettenkapitän

Erich Topp
Korvettenkapitän

Karl-Friedrich Merten
Korvettenkapitän

Victor Schütze
Korvettenkapitän

Herbert Schultze
Kapitänleutnant

Georg Lassen
Kapitänleutnant

Heinrich Lehmann-Willenbrock
Kapitänleutnant

Günther Prien
Korvettenkapitän

Heinrich Liebe
Kapitänleutnant

Joachim Schepke
Kapitänleutnant

Werner Henke
Kapitänleutnant

U 99 (Typ VII B) unter Tarnung längsseits eines Anlegeprahms Ende August 1940 in Lorient. Anlaufend ein Typ II-Boot. Auf dem Anleger zahlreiche See- und "Seh"-Leute.

Lorient 1941: im Trockendock zwei Boote des Typs VII, vorn U 99.

U 168 (Typ VII C/40) wird in den Trockenbunker in Lorient verholt. Dies erfolgte auf einem Gleissystem, das ein Längs- und Querverfahren des Schwerstlastfahrgestells erlaubte, auf dem sich das jeweilige Boot befand.

St. Nazaire, 1. März 1942. U 136 (Typ VII C) verholt in den Ubootbunker. Das Boot kehrte gerade von einer Feindfahrt zurück, am ausgefahrenen Sehrohr hängen noch die Erfolgswimpel. U 136 stellte am 30. August 1941 in Dienst und ging am 11. Juli 1942 durch Wasserbomben westlich Madeira verloren.

U 404 (Typ VII C) vor dem Ubootbunker in St. Nazaire. Das Boot ist völlig leer und ragt hoch aus dem Wasser. An Oberdeck lagern Torpedodruckbehälter (für Reservetorpedos). Das auf der Danziger Werft gebaute Boot stellte am 6. August 1941 in Dienst und wurde am 28. Juli 1943 nordwestlich Kap Ortegal durch Fliegerbomben versenkt.

U 552 (Typ VII C) vor dem Ubootbunker St. Nazaire. Die Aufnahme entstand 1941/42, die 8,8 cm-Kanone ist noch vorhanden.

DER UBOOTKRIEG

Hauptgegner der Kriegsmarine war und blieb während des ganzen Krieges Großbritannien. Die Insellage des Mutterlandes bewirkte eine noch größere Abhängigkeit von Zufuhren aller Art, als es beim Deutschen Reich der Fall war. Seine Bevölkerung von über 45 Millionen konnte nicht aus eigener Produktion ernährt werden. 1938 mußten mehr als 68 Millionen Tonnen Güter aller Art, Nahrungsmittel, Holz, Öl, Erz, eingeführt werden – im Krieg stieg der Bedarf sprungartig an. Diesen Zufuhren galt der Kampf der Uboote. Ihnen gegenüber stand allerdings die Royal Navy, die über eine Vielzahl von Schiffen verfügte und die stärkste Marine der Welt war. Nach dem Stand von Mai 1945 verfügte sie über 1 065 Kriegsschiffe, 2 907 Hilfskriegsschiffe und 5 477 Landungsfahrzeuge aller Art (nicht eingerechnet sind die Marinen der Dominien). Bis dahin hatte sie 1 503 Kriegs- und Hilfskriegsschiffe verloren; noch viel höher waren aber die Verluste der britischen Handelsschiffahrt: 4 786 Fahrzeuge mit einer Tonnage von 21 194 000 Bruttoregistertonnen (BRT). Hiervon sind allein von Ubooten 2 775 Schiffe mit 14 573 000 BRT versenkt worden (und dabei büßten 29 994 Seeleute ihr Leben ein).

Wie wichtig der Ansatz der Uboote gegen den britischen Frachtraum war, läßt sich anhand einer Aufrechnung belegen: Der Verlust von 100 000 BRT Schiffsraum bedeutete statistisch pro Kopf der Bevölkerung einen Ausfall von 2,2 kg Fleisch oder 3 kg Butter oder 4,5 kg Getreide, Reis, Zucker usw. Und der Verlust von 100 000 BRT Tankerraum entsprach der Vernichtung von rund 150 000 Tonnen Treibstoff, womit 90 sechsstündige Flüge von 1 000 Bombern gegen deutsche Städte oder ca. 5 600 Einsätze von 100 Jagdflugzeugen oder eine 300 km-Fahrt von 1 000 Panzern oder zehn Einsatzfahrten über eine Distanz von 1 000 Seemeilen von 75 Zerstörern hätten gesichert werden können. Im Zeitraum von 1935 bis 1945 wurden insgesamt 1 170 Uboote in Dienst gestellt; hinzu kamen einige Boote fremder Herkunft. 863 Uboote kamen davon an die Front; von ihnen gingen 630 verloren: 603 während Feindfahrten, sieben durch Unfall und 20 aus ungeklärter Ursache. Im Heimatkriegsgebiet fielen 81 Uboote Bomben und Minen zum Opfer. Bei Kriegsende wurden von ihren Besatzungen 214 Uboote versenkt oder zerstört, elf waren im Verlauf des Krieges an Verbündete abgegeben worden, 38 mußten aus unterschiedlichen Gründen außer Dienst gestellt werden und 153 Boote gelangten zur Auslieferung an die Siegermächte.

Der Ausbruch des Krieges hatte die Kriegsmarine und mit ihr die Ubootwaffe auf einen Waffengang mit Großbritannien völlig unvorbereitet getroffen. Weder materiell noch personell konnte sie diesen Anforderungen gewachsen sein. Mit nur 57 Booten zog sie in den Krieg, aber davon war gerade ein knappes Drittel frontreif und von diesem wiederum nur wenige, die für den Einsatz in jenen Seegebieten geeignet waren, wo sie gegnerischen Handelsschiffen begegnen mußten. Wurde der Ubootkrieg anfänglich noch nach den Regeln der internationalen Seekriegsordnung geführt, so eskalierte er durch die Gegenmaßnahmen der Briten, ihre Handelsschiffe in militärisch gesicherten Geleitzügen fahren zu lassen und sie darüber hinaus auch zu bewaffnen. Sah es 1941/42 ganz danach aus, als würde die Ubootwaffe das britische Mutterland von seinen Zufuhren völlig abschnüren können, kam es im Jahr darauf zur Wende. Von da ab wurden die deutschen Ubooterfolge rückläufig, ihre Verluste stiegen von Monat zu Monat – es war letztlich ein aussichtsloser Kampf. Und die Ubootfahrer wußten, was sie "draußen" erwartete – aber sie fuhren dennoch hinaus. Von ihnen kehrten die meisten nicht wieder. Verglichen mit anderen Wehrmacht- und Waffengattungen hatte die Ubootwaffe die höchste Verlustrate aufzuweisen: Von 39 000 Ubootmännern kehrten 32 000 nicht zurück, umgerechnet 82 Prozent.

FEINDFAHRTEN

Der Krieg steht noch in seinen Anfängen, hier U 10 (Typ II B), erbaut bei der Germania-Werft in Kiel und am 9. September 1935 in Dienst gestellt, im ersten harten Winter 1939/40 in der Westwerft Wilhelmshaven. Das Boot ist stark vereist. Am 1. August 1944 stellte es als Schulboot in Danzig außer Dienst und wurde abgebrochen.

Im Kriegsjahr 1942 im rumänischen Galatz: Drei Typ II-Boote (von links nach rechts; U 19, U 23 und – schon schwimmend – U 9) werden zur Verwendung im Schwarzen Meer hergerichtet. Diese Boote und drei weitere befanden sich seit Mitte der 30er Jahre im Dienst und waren zuletzt als Schulboote verwendet worden. Die Ausweitung des Krieges durch den Ostfeldzug zwang dazu, gegen die sowjetische Schwarzmeer-Schiffahrt mit Ubooten zu operieren. Die Boote wurden in der neu aufgestellten 30. U-Flottille zusammengefaßt und ihnen das rumänische Konstanza als Stützpunkt zugewiesen. Ihre Verlegung in den Schwarzmeerraum war schon abenteuerlich: Diese erfolgte auf Schwerstlastfahrgestellen auf der Autobahn und danach auf Pontons auf Binnenwasserwegen. Hierzu mußten sie auf die Seite gelegt werden, um Brücken passieren zu können.

Links: U 23 (Typ II B) im September 1943 nach einer Feindfahrt einlaufend in Konstanza. Keines dieser im Schwarzen Meer operierenden Boote kehrte in die Heimat zurück.

Unten links: U 29 (Typ VII) in rauher See vor Helgoland – ein Bild aus den ersten Kriegswochen. Wie schon im Ersten Weltkrieg, wurde die Insel auch jetzt wieder als Ubootstützpunkt genutzt.

Unten: 17. Januar 1940 an der von Posten bewachten III. Einfahrt in Wilhelmshaven: U 30 läuft ein. Weit draußen auf der Jade, gleich neben dem rechten Posten erkennbar, das als Sicherungsschiff und Eisbrecher eingesetzte alte Linienschiff SCHLESIEN.

Ubootstützpunkt Wilhelmshaven 1939/40. An der Pier außen U A und U 30. Bei der vorlichen Ansicht sieht man im Hintergrund das Wohnschiff TANGANJIKA der Kriegsmarinewerft. Der Kommandant von U 30, Kapitänleutnant Lemp, übernahm im November 1940 ein neues Boot, U 110, mit dem er im Mai 1941 seinen Verfolgern erlag. Von Wasserbomben an die Wasseroberfläche gezwungen, verließ die Besatzung das sinkende Boot. Da Lemp, ebenfalls im Wasser treibend, wahrscheinlich annahm, daß sein Boot nicht schnell genug absackte, hat er offenbar versucht, zurückzuschwimmen, und dabei wurde er regelrecht "abgeknallt". Sein Tod bleibt sehr mysteriös. Von der Besatzung hat anscheinend niemand diesen Akt wahrnehmen können, sie wurde sofort unter Deck gebracht, während die Briten sich anschickten, das noch schwimmende Boot abzuschleppen. Das gelang ihnen jedoch nicht, aber immerhin haben sie wichtige Geheimunterlagen erbeuten können. Auch heute noch gibt es manches Rätsel um dieses Drama.

Lorient am 20. Februar 1941: U 37 rüstet aus zur neuen Feindfahrt. Es gilt, jede Menge Versorgungsgüter, Verpflegung, Ersatzteile usw. zu übernehmen und zu verstauen. Am Kranponton mit Schlepper, dahinter ein weiteres Typ VII-Boot.

U 40 (Typ IX) an der Pier des Ubootstützpunktes Wilhelmshaven. Auch hier wird ausgerüstet. Die Aufnahme entstand im Oktober 1939, die Besatzungsangehörigen tragen noch ihre "Takelpäckchen". Auf der Pier ältere Marineangehörige, offensichtlich Reservisten. An der Vorkante Turm eine erste "Maling" als Bootsemblem; das Farbmuster am Turm ist ein früher Versuch, ihn gegen Sicht zu tarnen. Es ist wohl die letzte Aufnahme dieses Bootes, denn bereits am 13. Oktober 1939 ging es verloren.

U 47 (Typ VII B) am 23. Oktober 1939 einlaufend in Kiel, von Flotte und Bevölkerung begeistert begrüßt. Hier passiert es das Schulschiff SCHLESWIG-HOLSTEIN, dessen Besatzung an Oberdeck Paradeaufstellung eingenommen hat. U 47, Kommandant Kapitänleutnant Günther Prien, war am 14. Oktober 1939 in die Bucht von Scapa Flow – damals Hauptliegeplatz der britischen "Home Fleet" – eingedrungen und hatte dort das 29 150 ts-Schlachtschiff ROYAL OAK versenkt. Unbeobachtet und ungehindert vermochte das Boot die Bucht wieder zu verlassen und lief am 17. Oktober 1939 in Wilhelmshaven ein. Im Anschluß verlegte es nach Kiel. U 47 wurde am 8. März 1941 südlich Island Opfer eines britischen Zerstörers, wobei Kapitänleutnant Prien mit der gesamten Besatzung den Tod fand.

St. Nazaire am 18. März 1941. U 69 (Typ VII C) rüstet aus zur dritten Feindfahrt. Es war schon ein erhebliches Stück Arbeit, die zahlreichen Versorgungsgüter an Bord zu verstauen. Der kleinste Raum, jede Ecke, wurde genutzt, denn Platz war eigentlich gar nicht vorhanden. Bestimmte Bereiche, wie die Batterieräume (jeweils unter dem Unteroffiziersdeck und den Offiziers- und Portepeeunteroffiziersräumen) mußten frei bleiben. Die Batteriewartung war eine recht mühselige Arbeit. Der zuständige E-Heizer mußte die laufenden Kontrollen in liegender Stellung durchführen. Dazu diente eine Art Rollschlitten. Für Leute mit "Platzangst" war das absolut kein Vergnügen.

U 66 (Typ IX C) einlaufend Lorient. Ein Marinemusikkorps und das Begrüßungskommando stehen bereit. Die Unzahl unterschiedlicher Uniformen zeugt von der Vielzahl hier stationierter Wehrmachtsstellen. Im Hintergrund die Hulk des französischen Kreuzers STRASBOURG (ex Kleiner Kreuzer REGENSBURG der Kaiserlichen deutschen Marine).

Karikierte Figuren, wie hier am Turm von U 48 (Typ VII B) – aufgenommen am 25. 2. 1940 im Ubootstützpunkt Wilhelmshaven nach Rückkehr von einer Feindfahrt – waren anfänglich durchaus üblich und erlaubt; später gab es aber an ihrer Stelle auch Wappen. U 48 war das im Tonnagekrieg absolut erfolgreichste Boot: Bei dreizehn Unternehmungen unter drei Kommandanten versenkte es 51 Schiffe mit einem Gesamtraum von über 310 000 BRT.

U 86 (Typ VII C) bei der Erprobung eines Ausguckmastes. Mit Hilfe dieser und ähnlicher Konstruktionen versuchte man, das Blickfeld zu erweitern. Auch andere Hilfsmittel und Varianten wurden erprobt, so ein Schlepptau-(Trag-)schrauber (ohne Eigenantrieb), "Bachstelze" bezeichnet. Letztlich war alles vergebliche Mühe, der Erfolg im Vergleich zum Aufwand, mehr noch im Hinblick auf die damit verbundene eingeschränkte Fähigkeit des Schnelltauchens, blieb gleich Null. Die eigentlich einzige "sinnvolle" Nutzung solch einer Einrichtung wird hier demonstriert: Ein PK-Mann filmt das Boot aus luftiger Höhe.

Lorient am 24. Februar 1941, U 124 (außen) und U 95 bei der Auslaufmusterung mit an Oberdeck angetretenen Besatzungen – eine hundertfach erlebte Szenerie in den westfranzösischen Ubootstützpunkten.

U 99 kurz vor dem Auslaufen in Lorient. Der Flottillenchef verabschiedet sich von der Besatzung. Im Hintergrund der als Hulk dienende ehemalige Kleine Kreuzer REGENSBURG, der nach dem Ende des Ersten Weltkrieges an Frankreich hatte ausgeliefert werden müssen.

U 132 (Typ VII C) im August 1942 auf Heimatkurs. Hier fertigen Besatzungsangehörige von Hand Siegeswimpel an. Jeder weht für ein versenktes Schiff, die Zahl steht für die angenommene bzw. bekannte Tonnage des ”Opfers”.

Lorient, 7. Januar 1942: U 156 (Typ IX C) läuft ein. An der Stirnseite des Turms das Funkmeßortungsgerät (FuMO 29) "Seetakt". Die Antenne scheint abgenommen, verkleidet oder noch nicht gänzlich montiert zu sein, die zugehörigen Dipole sind nicht erkennbar. An der für den Kurzwellenverkehr bestimmten Antennenführung hängen Autoschläuche, am ausgefahrenen Sehrohr flattern Siegeswimpel, vor dem Turm lagern Autoreifen (offenbar handelt es sich um aufgefischtes Ladegut versenkter Schiffe). U 156 war jenes Boot, das 1942 den britischen Truppentransporter LACONIA versenkte. Auf diesem befanden sich – was auf dem Boot zunächst nicht bekannt war – 1800 italienische Kriegsgefangene. U 156 und weitere in der Nähe stehende Uboote nahmen zahlreiche Schiffbrüchige an Bord und setzten die Rotkreuzflagge – dessen ungeachtet wurden sie von amerikanischen Flugzeugen angegriffen. Dies führte zu dem von Dönitz erlassenen Befehl, die Rettung Schiffbrüchiger zu unterlassen. Dieser Befehl war Gegenstand der Anklage gegen ihn vor dem Nürnberger Siegergericht.

Lorient am 31. Mai 1941, U 141 (Typ II D) läuft aus. Zur Verabschiedung haben sich zahlreiche Schaulustige eingefunden: Von der Marine, Marineartillerie und Organisation Todt. Boote dieses kleines Typs fanden nur kurzzeitige Verwendung in diesem Frontabschnitt. Im Hintergrund wieder die Hulk ex REGENSBURG.

U 161 (Typ IX C) nach einer Feindfahrt einlaufend Lorient. Das Boot hat offenbar einen harten Einsatz hinter sich. Der beschädigte Turm weist auf einen Rammstoß hin. An Oberdeck liegt der abgebrochene Peilrahmen mit dem Funkmeßbeobachtungsgerät (FuMB 35) "ATHOS I", das Magnetkompaßgehäuse ist offen, um dieses herum liegen zahlreiche Taschen (entweder Tauchretter oder mit den damals eingeführten Einmann-Schlauchbooten).

Dieses Boot – es ist U 259 (Typ VII C) – hatte auf seiner vorletzten Feindfahrt noch einmal Glück: Davon kündet sein offenbar durch Rammstoß oder Kollision lädierter Bug. Von der nächsten Feindfahrt – nur wenige Wochen nach dieser im Herbst 1942 in La Pallice entstandenen Aufnahme – kehrte es nicht mehr zurück.

Zweimal U 333 (Typ VII C), nach seiner Turmzier (drei kleine Fische) auch das "Boot der kleinen Fische" genannt. Dieses Boot und sein Kommandant, Kapitänleutnant (Ali) Cremer, trug wegen der zahlreichen Karambolagen bei seinen Feindfahrten auch den Spitznamen "Ali Wrack". Es mag seltsam anmuten, aber solange er Kommandant dieses Bootes war, vertraute jeder seiner Männer darauf, daß er wieder nach Hause kam. Und so war es auch. Das linke Bild zeigt das Boot am 26. Mai 1942 einlaufend St. Nazaire. Es war am 22. April vor der amerikanischen Küste von einem Tanker gerammt worden, hatte aber trotz nicht mehr vorhandener Einsatzfähigkeit seinen Stützpunkt erreichen können. Die andere Aufnahme zeigt das Boot am 23. Oktober 1942 im Bunker von La Pallice. Wieder hatte es einen Kampf überstanden, diesmal vor Freetown ein längeres Überwassergefecht (einschließlich Rammstoß) mit einer britischen Korvette. Der Kommandant wurde dabei schwer verwundet. Der völlig durchschossene Turm zeugt von der Härte des Duells.

Der gestiegenen Luftbedrohung in der Biskaya versuchte die Kriegsmarine durch das gleichzeitige Ein- und Auslaufen mehrerer Boote – die sich gegenseitig schützen sollten – zu begegnen. Das brachte keine Lösung. Auch der Umbau von Booten zu sogenannten "Flakfallen" bewährte sich nicht. Einziger Vertreter dieser Art blieb U 441 (Typ VII C), das am 24. Mai 1943 erstmals als "U-Flak 1" zum Einsatz kam. War dieser noch einigermaßen erfolgreich, so wurde der zweite vom 9. bis 11. Juli 1943 zum Desaster. Das Boot wurde von drei britischen "Beaufighter"-Schnellbombern regelrecht zusammengeschossen. Mit zehn Toten und dreizehn Verwundeten unter den 67 Mann Besatzung erreichte es schließlich unter Führung des miteingeschifften Bordarztes den Stützpunkt. Die obere Aufnahme zeigt U 441 nach Umbau: Unter Verminderung der Torpedoladung war die Zahl der Flawaffen erhöht worden: Acht 2 cm-Flak 38/43 U mit Schild in Vierlingslafetten, eine 3,7 cm-SKC/30 in Lafette LC/39 und ein 8,6 cm-Seilraketenwerfer M 42. Hinzu kamen Ortungsgeräte wie das HOHENTWIEL. Der vergrößerte Turm war zudem gepanzert worden. Die rechte Aufnahme entstand im Juli 1943 in Brest. Von links Korvettenkapitän Winter (Chef 1. U-Flottille), in der Mitte Oberstabsarzt Dr. Pfaffinger (der das Boot zurückbrachte) und rechts der am linken Arm verwundete Kommandant, Kapitänleutnant Götz von Hartmann.

Minenübernahme durch U 373 (Typ VII C) am 18. Mai 1942 in Brest, hier eine TMB-Mine, die durch das vordere Torpedoluk mittels Oberdeckschlitten in den Bugraum gelangt. Das "Werfen" geschah durch Ausstoß aus dem Torpedorohr. 39 solcher Minen konnten mitgeführt werden.

U 407 (Typ VII C) einlaufend in La Spezia. Im Hintergrund liegt ein italienisches Schlachtschiff der LITTORIO-Klasse, rechts ein weiteres VII C-Boot.

U 552 (Typ VII C) mit ungewöhnlich hoher Fahrt (offenbar bei stark auflaufendem Wasser) auslaufend Schleuse St. Nazaire. Unter seinem Kommandanten, Kapitänleutnant Topp, hatte es große Erfolge. An der Turmseite das Emblem der 7. Uboot-Flottille, der Stier (einst als "Stier von Scapa Flow" auf U 47 eingeführt). An der Turmstirnseite (nur halb erkennbar) beiderseits ein aufgemalter roter Teufel als weiteres Emblem (daher wurde U 552 auch allgemein als "Boot der roten Teufel" bezeichnet). Sein damaliger Kommandant trat als Konteradmiral der Bundesmarine in den Ruhestand.

La Spezia im März 1943, U 617 (Typ VII C) rüstet aus zur neuen Unternehmung. Dahinter der italienische Kreuzer TARANTO (ex Kleiner Kreuzer STRASBOURG der Kaiserlich deutschen Marine).

U 703 (Typ VII C) im Eismeer. Obwohl die Aufnahme im Herbst 1943 entstand, besitzt das Boot noch immer die 8,8 cm-Kanone.

Ausrüstung eines Typ IX-Bootes zum Einsatz. Da sich die 10, 5 cm-Kanone noch an Bord befindet, dürfte die Aufnahme 1942 entstanden sein. Es war immer wieder beeindruckend, was da alles mitgenommen werden mußte – vor allem aber, wo alles verstaut wurde. An Oberdeck zwei Maate beim Sortieren.

Lorient 1940, längsseits eines Verladeprahms eine Transportschute mit Torpedos. Dahinter liegt U 130 (Typ IX C), hinter diesem wiederum eine Pier mit über das Wasser ragenden Gerüsten für Tarnabdeckungen und rechts davon ein offenbar unfertiger hochbordiger, nicht identifizierbarer Schiffskörper. Mit den Torpedos hatte es zunächst erhebliche Schwierigkeiten gegeben. Die Boote wurden 1939 mit einem neuen Torpedo ausgerüstet, vom Typ her war es der G 7 in seinen Varianten a und e (a = druckluftgetrieben, mit Blasenbahn, e = Elektroantrieb, ohne Blasenbahn). Neu war die sogenannte Magnetpistole. Und dieser Mechanismus funktionierte nicht so, wie man es erwartet hatte. Hinzu kam, daß die Briten durch Ausspähung hinter sein Geheimnis gekommen waren und schon Gegenmaßnahmen eingeleitet hatten. So kam es insbesondere im Norwegenunternehmen zu der berüchtigten "Torpedokrise": Die Magnetpistole neigte zur Frühzündung, Spätzündung oder zündete gar nicht, die Aufschlagpistole funktionierte auch nicht und die Tiefensteuerung war fehlerhaft, sie neigte zur Undichtigkeit. Es wurde Sommer 1942, bis diese Mängel hinlänglich beseitigt werden konnten. Die Torpedos G 7a und G 7e blieben Standardwaffe. Später kamen Neuentwicklungen hinzu: T 5 / ZAUNKÖNIG 1, T 11 / ZAUNKÖNIG 2, FAT / FALKE = Flächenabsuchender Torpedo (die korrekte Bezeichnung war: Federapparat-Torpedo) und LUT = Lagenunabhängiger Torpedo. Es gab noch weitere Entwicklungen. Insgesamt wurden vom 1. September 1939 bis 30. November 1944 37 576 Torpedos verschossen.

Durch die Versorgung in See ging man ab 1942 dazu über, die Verweilzeit der Frontboote in den Operationsgebieten zu verlängern. Für diesen Zweck wurden die Versorgungs-Uboote des Typs XIV in Dienst gestellt, die sogenannten "Milchkühe". Sie alle fielen der gegnerischen Abwehr zum Opfer, keines von ihnen hat überlebt. Ursachen dafür gab es mehrere: Einmal ihre durch die auf optimale Ladefähigkeit bewirkte Schwerfälligkeit insbesondere beim Tauchen, zum anderen wirkte sich bei ihnen die zunehmende gegnerische Luftüberlegenheit aus, gegen die sie genausowenig entgegenzusetzen hatten wie die Frontboote. Hier versorgt U 459 (Typ XIV) am 21. April 1942 gleich vier Frontboote, vorn U 571 (Typ VII C), am Bildrand rechts U 459.

An U 570 (Typ VII C) denken die überlebenden Ubootfahrer nur mit sehr gemischten Gefühlen zurück. Dieses Boot war im August 1941 im Nordatlantik von einem britischen Bomber leicht beschädigt worden, was den Kommandanten zur Übergabe veranlaßte. Von dem Bomber zwar umkreist, aber noch nicht von Seestreitkräften bedroht, wurde auf U 570 kein Versuch unternommen, das Blatt zu wenden. Als Stunden später britische Korvetten und Zerstörer eintreffen, ist es zu spät, sowohl zur Selbstversenkung wie auch zu einem überraschenden Wegtauchen. Nachdem die deutsche Besatzung übernommen worden ist, nehmen die Briten das Boot in Schlepp und bringen es nach Island. Bald darauf wurde U 570 für die Royal Navy unter dem neuen Namen GRAPH in Dienst gestellt und in der Folgezeit im Atlantik und vor der spanischen Küste eingesetzt. Dort hätte es beinahe noch einen Erfolg erzielen können: Am 21. Oktober 1942 schoß es auf das zurückmarschierende U 333 einen Viererfächer, der zum Glück vorbeiging. Die Aufnahme zeigt U 570 als HMS GRAPH.

Auch der U.S. Navy glückte die Kaperung eines Ubootes: Am 4. Juni 1944 gelang es einer ihrer "Hunter Killer Groups" (bestehend aus dem Geleitflugzeugträger GUADALCANAL und mehreren Geleitzerstörern), U 505 (Typ IX C) an die Wasseroberfläche zu bomben, zu entern und – mit Hilfe eines deutschen Besatzungsangehörigen – schwimmfähig zu halten. Anschließend ist es in Schlepp genommen und als "Siegestrophäe" in die USA verbracht worden. Die Aufnahmen auf dieser Seite zeigen das Übersetzen des Enterkommandos, das in Schlepp genommene Boot mit amerikanischen Seeleuten auf dem Vorschiff, die Besichtigung von erbeuteten Ausrüstungsgegenständen und Zubehör auf der GUADALCANAL und das gekaperte Boot neben der GUADALCANAL; auf dem Turm über der deutschen Kriegsflagge das Sternenbanner.

U 97 (Typ VII C) wurde am 16. Juni 1943 westlich Haifa durch Bomben vernichtet, wobei es 27 Tote unter der Besatzung gab. Die Aufnahme zeigt das auf der Steuerbordseite liegende Boot, vermutlich bei späteren Bergungsversuchen durch den Gegner.

Die letzten Minuten von U 966 (Typ VII C) am 10. November 1943 in der Biskaya. Durch Fliegerbomben tauchunfähig gemacht, versucht es verzweifelt noch zu entkommen. Die Flawaffen sind schon nicht mehr besetzt . . .

Mit wechselnden Hartruderlagen versucht ein VII C-Boot, den Bomben auszuweichen – vergebliches Bemühen; einmal gestellt, gab es kaum noch eine Chance, wegzutauchen. So vorteilhaft sich die Atlantikstützpunkte anfangs erwiesen hatten (sie garantierten eine schnellere Versorgung, schnellere Reparaturen, kürzere Werftzeiten und kürzere Anmarschwege), so wuchsen mit steigender Luftgefährdung auch die Nachteile. Die Biskaya erwies sich für die Uboote letztlich als "Todesfalle". Von November 1941 bis April 1945 sanken allein in diesem Seegebiet 62 Boote. Der Nordatlantik kostete von März 1940 bis April 1945 264 Boote, das Mittelmeer 54, die Nordsee 17, die Gewässer um das britische Mutterland 54, die norwegische Küste mit Nord- und Eismeer 60, die Ostsee und das Kattegat schließlich 40 Boote. Maßgebend dafür waren der immer stärker werdende Geleitschutz mit verbesserten Waffen wie "Hedgehog", die RADAR-Ortung und ab 1942 das "High Frequency Direction Finder"-System (HF/DF = Kurzwellenpeiler), mit dem alle von den Booten abgesetzten oder empfangenen Sprüche eingepeilt wurden (und natürlich das Einbrechen in das "Enigma"-Schlüsselsystem). Hinzu kamen die "Hunter Killer Groups" und die immer lückenloser werdende Luftüberwachung. Die deutschen Gegenmaßnahmen waren im Grunde genommen stets nur halbherzig, weil man davon ausging, daß es keine Beweise für neue Abwehrmethoden gab. Die endgültige Wende in der Atlantikschlacht begann im Mai 1943. In diesem Monat gelang es dem Gegner, 41 Boote zu vernichten.

Dramatische Momente: U 185 (Typ IX C/40) am 14. Juni 1943 in der Biskaya bei der Abgabe von Überlebenden des am gleichen Tage verlorengegangenen U 564 an den Zerstörer Z 24. Zwei Monate später, am 24. August 1943, wurde U 185 im Mittelatlantik Opfer von Fliegerbomben. Von der Besatzung verloren dabei 29 Mann das Leben. Hinzu kamen 14 Mann von U 604 (Typ VII C), welches am 11. August 1943 vernichtet worden war und deren Überlebenden wiederum von U 185 aufgenommen worden waren.

Unten rechts: Dramatische Minuten: U 848 (Typ IX D_2) kurz vor seiner Vernichtung am 5. November 1943 südwestlich Ascension. Das Boot ist offensichtlich nicht mehr tauchklar, auf der Brücke sieht man zahlreiche Gefallene und Verwundete, zwei Mann suchen auf der Plattform Schutz vor Bordwaffenbeschuß, der Kommandant (mit weißer Mütze), Korvettenkapitän Rollmann, kauert vorn hinter der Turmverkleidung. Wenig später wird das Boot sinken, niemand überlebt.

Unten links: U 175 (Typ IX C) kurz vor dem Untergang. Im Schutz der Plattform machen sich Besatzungsangehörige klar zum "Aussteigen". Das Boot, unter Kapitänleutnant Bruns, wurde am 17. April 1943 südwestlich Irland durch Flieger- und Wasserbomben an die Oberfläche gebombt und anschließend durch den US Coast Guard Cutter SPENCER zusammengeschossen; 13 Tote.

Wilhelmshaven im Mai 1945: Kurz vor der Kapitulation im Nordraum am 5. Mai versenkten sich in der noch unfertigen Westkammer der IV. Einfahrt (Raederschleuse) insgesamt 22 Uboote selbst, darunter auch das berühmte U 552. Hier eines dieser Boote.

So fanden die Sieger die auf deutschen Werften heranwachsende neue Ubootwaffe vor: Zerstörte Typ XXI-Boote auf den Helgen . . .

. . . intakte Typ XXI-Sektionen, bereitgestellt zur Endmontage, auf den Ausrüstungspiers (beide Aufnahmen entstanden bei Blohm & Voß, Hamburg).

Der Ubootbunker "Elbe II" der Howaldtswerke Hamburg. In der Einfahrt vor einer der beiden Boxen ein Boot vom Typ XXI. Die Aufnahme entstand im Sommer 1945.

Wilhelmshaven, 13. Mai 1945: Unter den Augen argwöhnischer Briten belehrt Korvettenkapitän Bleichrodt Uboot-besatzungen, offenbar hinsichtlich des Verhaltens während der bevorstehenden Überführung auszuliefernder Boote nach Großbritannien.

U 805 (Typ IX C/40) am 14. Mai 1945 vor Portsmouth/USA. Zum Zeichen ihres Triumphes haben die Sieger die U.S.-Flagge gesetzt.
Am Turm Abblätterungen, ein Zeichen langer Seefahrt. Beide Sehrohre sind ausgefahren, das Luftzielsehrohr ist bezogen. Ebenfalls ausgefahren bzw. montiert das Funkmeßbeobachtungsgerät (FuMB 7) "NAXOS". Auf den beiden Plattformen sichtbar zwei 2 cm-Flak C 38/II in Doppellafetten LM 43 U und eine 3,7 cm-Flak M 42 U in Lafette LM 42 U. Bevor das Boot am 4. Februar 1946 vor der Ostküste der USA versenkt wurde, veranstalteten die Amerikaner mit ihm eine "Show"-Fahrt entlang den Häfen der amerikanischen Ostküste.

U 530 (Typ IX C/40) und U 977 (Typ VII C), im Mai 1945 noch in See stehend, steuerten nach Bekanntwerden der Kapitulation Argentinien an, wo sie am 19. Juli resp. 17. August 1945 eintrafen. Dort übergaben die Kommandanten ihre Boote den argentinischen Militärbehörden. Die Übergabe wurde unter dem üblichen militärischen Zeremoniell und würdevoll für die deutschen Besatzungen vollzogen – ganz im Gegensatz zu jenen noch in See befindlichen Ubooten, denen von den Siegermächten befohlen war, eine schwarze Flagge – die Piratenflagge – zu setzen. Es war dies eine von den deutschen Ubootmännern als besonders schimpflich empfundene Herabsetzung, die sie nicht verdient hatten. Und tatsächlich vermochte später die Siegergerichtsbarkeit nicht den Beweis zu führen, daß die deutsche Ubootwaffe gegen die Regeln der Kriegsführung verstoßen hat. U 977 erreichte Argentinien übrigens nach einer von Norwegen aus begonnenen 66-tägigen Schnorchelfahrt. Beide Boote mußten von Argentinien an die USA ausgeliefert werden. Das Bild zeigt sie am 18. Januar 1946 in South Boston liegend.

U 858 (Typ IX C/40) nach der Kapitulation am 14. Mai 1945 einlaufend Portsmouth/USA. Dieses Boot ist 1947 von der U.S. Navy für Torpedoversuche aufgebraucht worden.

U 873 (Typ IX D_2) am 16. Mai 1945 einlaufend Providence/USA. Im Hintergrund der U.S.-Geleitzerstörer FRENCH/DE 367 der JOHN C. BUTLER-Klasse. Das Uboot hatte am 11. Mai 1945 im Mittelatlantik kapituliert. Beachte die Einschnürung im vorderen Bootskörper, diese sollte die Tauchzeit verkürzen. Gut erkennbar die 3,7 cm-Doppelflak auf der Plattform. An der Turmseite sitzen die Anschlußrohrleitungen für den hier beigeklappten Schnorchelmast.

IN MEMORIAM

Von den nahezu 1000 Ubooten des Zweiten Weltkrieges haben nur zwei Frontboote bis in die Gegenwart überlebt – sie fristen ihr Dasein als Freiluft-Exponate. Es sind U 505 (Typ IX C) in Chicago und U 955 (Typ VII C) in Laboe vor dem Marineehrenmal. Jährlich werden sie von Tausenden Touristen besichtigt, aber ihr Interesse gilt meist ausschließlich den Booten. Von den Männern, die auf ihnen und vielen anderen fuhren, kämpften, litten und starben, spricht kaum jemand mehr . . .

U 505 (Typ IX C) während der nach Wiederherstellung durchgeführten "Sightseeing-Tour" entlang der amerikanischen Küste mit ihren Häfen. Hinter ihm das ehemalige Torpedoboot T 35 als USS DD 935, das später Frankreich überlassen wurde.

MARINE-KLEINKAMPFMITTEL

Die Idee des Kleinkampfmitteleinsatzes wurde auf deutscher Seite erst während der zweiten Hälfte des Krieges geboren; den Anstoß dazu gab die immer bedrohlicher werdende Kriegslage. Ganz besonders waren es die alliierten Landungen 1942 in Nordafrika und vor allem der 1943 beginnende Ansturm auf die "Festung Europa" mit den Landungen auf Sizilien und in Süditalien. Die Entwicklung von geeigneten Kampfmitteln kam schnell in Gang, in kürzester Zeit standen die ersten zur Verfügung. Hauptsächlich waren es Einmann-Torpedos, Kleinst-Uboote und schnelle Motorboote als Träger von Explosivladungen oder als Waffenplattformen, die sogenannten Sprengboote. Der Aufstellung einer für den Kleinkampfmittel-Einsatz bestimmten Einheit standen kaum Schwierigkeiten entgegen, Personal dafür zu finden fiel trotz der durch die Kriegslage bedingten hohen Verluste nicht schwer: Es gab mehr Freiwillige als angenommen werden konnten, so daß eine fast friedensmäßig strenge Auswahl getroffen werden konnte. Mit diesen Freiwilligen wurde der Kleinkampfverband der Kriegsmarine aufgestellt, damals kurz "K-Verband" bezeichnet. Seine Männer fochten mit Bravour, ihre Erfolge blieben achtungsgebietend, aber letztendlich vermochten sie den überstarken Gegner nicht nennenswert zu schwächen, geschweige denn Entscheidungen zu erzwingen. Bestenfalls mußten ihre Erfolge vom Gegner als Nadelstiche empfunden werden. Aber der immer größer werdende Mangel an regulären Seekriegsmitteln ließ der Führung keine andere Wahl, als dem Gegner auch mit unkonventionellen Mitteln entgegenzutreten. Die Produktion an Kleinkampfmitteln wies trotz des Bombenterrors im Heimatkriegsgebiet stattliche Zahlen auf – gebaut wurden über 1500 Sprengboote verschiedener Typen, 500 Einmann-Torpedos und über 1000 Kleinst-Uboote. An gesicherten Erfolgen konnte der K-Verband die Versenkung eines Kreuzers, dreier Zerstörer, dreier Minensuchboote, eines Landungsfahrzeuges, eines bewaffneten Trawlers und einiger Handelsschiffe für sich in Anspruch nehmen. Der größte Teil ging auf den Einsatz der Einmann-Torpedos zurück; Erfolge waren diesen jedoch nur in der Anfangszeit ihres Auftretens beschieden, sehr bald stellte sich der Gegner auf sie ein und brachte ihren Einsatz zum Erliegen. Der zweitgrößte Anteil entfiel auf die Kleinst-Uboote. Die Sprengboote hingegen konnten nach dem heutigen Forschungsstand überhaupt keine Versenkungserfolge verbuchen; das einzig nennenswerte Ergebnis war die Beschädigung eines britischen Monitors.

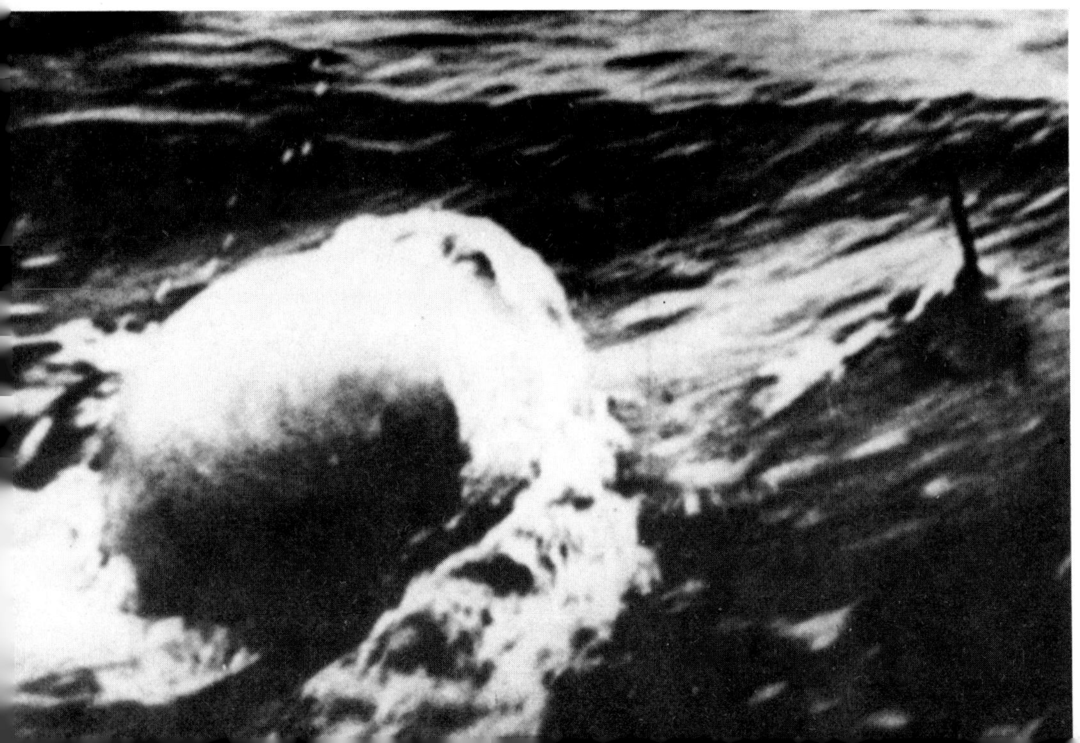

Im wahrsten Sinne des Wortes waren sie "Einzelkämpfer", besonders die Einmanntorpedofahrer. Befanden sie sich erst im Einsatz, so bekam man von ihrem "Untersatz" nur die Schutzkuppel zu sehen. Unter ihr saß der Fahrer in engsten Verhältnissen, seine Sichtverhältnisse waren äußerst gering und wurden durch den sich ständig vor ihm bildenden Wasserschwall noch weiter beschränkt. Vor der Kuppel sieht man einen "Stachel", eine ganz primitive Zieloptik.

Im Dezember 1943 fand eine Besprechung zahlreicher, für die Entwicklungen von Kleinkampfmitteln in Betracht kommender Kriegsmarine-Dienststellen statt, wobei auch bemannte Torpedos vorgeschlagen wurden. Diese Idee ist alsbald realisiert worden – schon im März 1944 war das erste Gerät erprobungsbereit. Bei ihm handelte es sich um einen Doppeltorpedo: Oben der Trägertorpedo (dessen nach Ausbau des Gefechtskopfes freigewordener Raum zur Unterbringung des Steuerers ausgenutzt wurde), darunter der "scharfe", zum Einsatz gegen ein Ziel bestimmte Torpedo. Die ersten dieser "Einmann-Torpedos" wurden "Neger" bezeichnet, bei ihnen waren beide Torpedos etwa gleich lang. Tauchfähig war dieser Typ jedoch nicht, er konnte lediglich soweit unterschneiden, daß nur die Schutzkuppel für den Fahrer aus dem Wasser ragte. Erst mit dem verbesserten Typ "Marder" vermochte man mittels einer zusätzlichen Tauchzelle kurzfristig bis auf zehn Meter Wassertiefe zu gehen. Zum Schluß mußte der "Marder" allerdings an die Wasseroberfläche, aber ein wesentlicher Vorteil war die Tauchfähigkeit dennoch, da er sich – vor allem beim Absetzen vom Gegner – der Beobachtung entziehen konnte. Diese Bilder zeigen einen "Marder" und einen "Neger"; bei letzterem war der Trägertorpedo deutlich länger als der Gefechtstorpedo.

Die ersten einsatzbereiten "Neger" wurden im Frühjahr 1944 auf dem Landweg nach Italien transportiert, um gegen die alliierte Invasionsflotte eingesetzt zu werden. Ihr Zuwasserbringen erfolgte abseits von Häfen unter denkbar schwierigsten Umständen. Um sie zu Wasser zu bringen, mußten 500 Heeressoldaten aus ihren Stellungen herausgezogen werden; diese trugen die Geräte buchstäblich ins Wasser, weil es dafür noch keine Spezialtransportanhänger gab. Erst als diese verfügbar waren, konnten sie auf diesen in ihr Element verbracht werden und aufschwimmen. Aber auch das war noch schwer genug. Weil Häfen nicht benutzt werden konnten, mußte vielfach ungünstiges Gelände in Kauf genommen werden. So wurde es oft genug erforderlich, Schienen oder Bohlen zu verlegen, um die schweren Fahrzeuge nicht im Sand versinken zu lassen. Hier werden solche Schienen gerade verlegt.

Ein dritter Einmann-Torpedo war der "Hai". Bei ihm handelte es sich um einen überlangen "Marder", bestehend aus Torpedokopf- und -schwanzteil und zwei Torpedomittelteilen dazwischen als Trägertorpedo, und einem Gefechtstorpedo darunter. Die doppelt so große Batteriekapazität des Trägertorpedos ließ zwar die Geschwindigkeit steigern und den Fahrbereich erhöhen, doch zeigte sich der Typ als nicht seetüchtig genug und schlecht manövrierbar dazu. Wahrscheinlich ist nur ein einziger "Hai" gebaut worden. Hier ist er, ohne Gefechtstorpedo, auf ein Fahrgestell verlastet. Im Hintergrund ein Kleinst-Uboot vom Typ "Seehund".

Der Einmann-Torpedo "Marder" war ohne Zweifel ein erster Schritt zum Kleinst-Uboot. Ein solches war der ihm folgende "Molch", das erste Einmann-Kleinst-Uboot der Kriegsmarine. Schon im Juni 1944 konnte das erste Versuchsfahrzeug vorgestellt werden. Es vermochte bis zu 40 m tief zu tauchen und verfügte über zwei in seitlichen Leitschienen hängende Torpedos. Gewissen technischen Unzulänglichkeiten war nicht abzuhelfen, aber als Ausbildungsfahrzeug war der "Molch" durchaus zu gebrauchen. Diese Bilder zeigen einen aufgebockten "Molch" und einen weiteren am Haken eines Kranes hängend.

Rechts: Der "Biber" war ebenfalls ein Einmann-Kleinst-Uboot und vermochte bis zu 20 m tief zu tauchen. Das erste Fahrzeug wurde bereits im März 1944 fertig und im gleichen Monat von der Kriegsmarine abgenommen. 324 Fahrzeuge wurden insgesamt gebaut. Hier ist ein aufgebockter "Biber" zu sehen. Gut erkennbar ist die Steuerbord-Torpedoeinrichtung, eine Art Mulde, in welcher der Torpedo mitgeführt wurde.

Unten: Das Zuwasserbringen eines "Biber", hier offenbar unter noch einigermaßen annehmbaren Strandverhältnissen. Die Räder seines Transportanhängers sind noch zu erkennen.

Unten rechts: Weiträumige Ziele waren den "Bibern" zugedacht, aber verwirklicht werden konnte von diesen kein einziges. So sollte ein "Biber" mit einem Flugboot zum Suezkanal geflogen werden, um dort das erste angetroffene Schiff zur Verblockung dieses strategisch wichtigen Wasserweges zu versenken. Hier ein nach dem Ende des Krieges vermutlich in London der Öffentlichkeit gezeigter "Biber".

Weil die Entwicklung deutscher Kleinst-Uboote unter starkem Zeitdruck stand und vielfach dazu zwang, möglichst vorhandene Bau- und Ausrüstungsteile auszunutzen, ist es verständlich, daß alle bisherigen Konstruktionen noch nicht in jenem Maße befriedigten, wie es als wünschenswert vertreten wurde. Den Durchbruch brachte erst der "Seehund" – er war das erste echte deutsche Kleinst-Uboot mit allen technischen Einrichtungen normaler Uboote. Daher erhielten die "Seehunde" – abweichend von den vorher gebauten Kleinst-Ubooten – reguläre Uboot-Bezeichnungen (U 2251-2300, U 5004-6170, U 6201-6351). Hier ein aufgebockter "Seehund", dessen Steuerbord-Torpedo gut zu erkennen ist.

Diese Aufnahme führt die geringe Größe des "Seehundes" vor Augen. Der Druckkörperdurchmesser betrug nur knapp 1,30 m, die Höhe bis zur Oberkante des Turmes kam auf nicht einmal zwei Meter. Damit konnten auch die "Seehunde" – verlastet auf einem Spezialanhänger wie hier – ebenfalls auf dem Landweg zum Operationsraum transportiert werden.

Fertiggestellte "Seehunde" nach Kriegsende, aufgenommen in Kiel. Nach dem Stand von Juni 1944 waren insgesamt 1000 "Seehunde" geplant, bis Kriegsende wurden 285 fertig, 93 weitere lagen unfertig auf den Werften bzw. Werkstätten.

Linke Seite: Als Exponat im Deutschen Museum in München zu besichtigen ist dieser "Seehund". Dreizehn Jahre lang hatte er in der Lübecker Bucht unter Wasser gelegen. Nach seiner Hebung erhielt er 1960 – des besseren Einblicks wegen in zwei Hälften geschnitten – seinen letzten Platz. Im Vordergrund die beiden Schutzarme für den Steuerbord-Torpedo.

Die Sprengboote (auch "Sprenglinsen" genannt) waren dazu vorgesehen, von ihrem Fahrer mit ihrer Sprengladung auf ein gegnerisches Ziel angesetzt zu werden. Die Endphasenlenkung erfolgte von einem anderen Boot aus. Hierzu waren sie mit einer 300 kg schweren Gefechtsladung versehen. Ihr Einsatz erfolgte stets in Dreierrotten: Zwei Ladungsträger mit je einem Fahrer und ein Leitboot mit einem Fahrer und zwei Bedienern von UKW-Kommandogebern, die die ihnen zugewiesenen Boote nach Abspringen der Fahrer gegen das Ziel steuerten. Nachdem das Leitboot die beiden Sprengbootfahrer aufgenommen hatte, mußte es mit hoher Fahrt ablaufen. Diese Bilder zeigen solche "Linsen" mit abgenommenen Abdeckungen, einmal im "Päckchen" liegend, dann mit geöffnetem Motorenraum und schließlich mit der auf vier 75 kg schwere Teilladungen verteilten Gefechtsladung im Heck. Die "Linsen" erreichten etwa 30 kn Höchstgeschwindigkeit.

In Italien waren die Arbeiten an Sprengbooten schon in den 30er Jahren begonnen worden, so daß man dort schon über wesentliche Erfahrungen verfügte und Erfolge aufzuweisen vermochte, als in Deutschland die Entwicklung von Sprengbooten begonnen wurde. Als besonders geglückter Typ stellten sich die seit 1941 gebauten "Motoscato Turismo Migliorato o Modificate"-Boote dar, kurz MTM-Boote genannt. Nachdem bis zum Abfall Italiens von der "Achse" rund 100 solcher Boote gebaut worden waren, ist ab September 1943 deren Bau für die deutsche Kriegsmarine weitergeführt worden. Bis 1945 konnten zahlreiche Boote abgeliefert werden. Hier ist ein solches MTM-Boot, verlastet auf einem Lkw-Zweiachsanhänger, zu sehen. Die Sprengladung hatte ein Gewicht von 330 kg.

Kurz nach der Invasion in der Normandie ist mit der "Wal"-Serie der Versuch unternommen worden, einen sehr kleinen Motorboottyp als Träger von zwei 45 cm-Lufttorpedos zu entwickeln, die aus Heckrohren abgefeuert werden sollten. Die drei in unterschiedlicher Bauweise konstruierten Boote erreichten Geschwindigkeiten von 35 bis 42 kn und ließen sich auf Spezial-Transportanhängern auf dem Landweg zu ihren Einsatzgebieten bringen. Zu einem Serienbau ist es jedoch nicht gekommen, weil man sich für einen anderen Typ entschied. Diese beiden Bilder zeigen das Boot "Wal I" mit hoher Fahrt in der Travemünder Bucht. Beiderseits des Fahrstandes ein Startgerät für 86 mm-Raketengeschosse zur Eigenverteidigung; mit diesen vermochte man Spreng-, Splitter-, Fallschirmleucht- oder Nebelmunition zu verschießen.

Auch der Linsenfahrer war während des Einsatzes einsam genug. Er hatte zwar bessere Sicht als seine in Einmanntorpedos fahrenden Kameraden, aber er war viel mehr Wind und Wetter ausgesetzt, und zudem konnte sein Fahrzeug vom Gegner viel leichter ausgemacht werden.

DIE SEEFLIEGERKRÄFTE

Anders als bei der Kaiserlichen Marine bis zum Ende des Ersten Weltkrieges gab es bei der Kriegsmarine keine eigenen Seefliegerkräfte. Der Reichsmarine waren solche zwar auf Grund des Versailler Vertrages verwehrt, dennoch suchte sie frühzeitig nach Mitteln und Wegen, um diese Restriktionen zu umgehen; sehr wohl hatte auch sie den Wert von fliegendem Material als Seekriegsmittel erkannt. Zu ihren ersten Maßnahmen gehörte die Gründung einiger zivil getarnter Gesellschaften, hinter denen sich kleine Formationen von Seeflugzeugen verbargen, welche als Zieldarsteller für Flakschießen und als Scheibenschlepper für die Marine flogen. Als Hitler 1933 sein Amt als Reichskanzler angetreten hatte, kam es zur Aufstellung der ersten – noch weiterhin getarnten – Seefliegerstaffeln. Was in jenem Jahr für die Marine so verheißungsvoll begonnen hatte, sollte für sie jedoch zur schicksalhaften Enttäuschung werden: Frühzeitig meldete Göring als Reichsminister der Luftfahrt und alsbaldiger Oberbefehlshaber der neu gegründeten Luftwaffe seine Ansprüche auf die Seeflieger als Teil der Luftwaffe an. Damit gab sich die Marine keineswegs zufrieden; in dem stetigen Ringen mit der Luftwaffe um die Unterstellung der Seefliegerei vermochte sie sich jedoch nicht durchzusetzen. Die Seefliegerverbände blieben damit Teil der Luftwaffe, über eigene Fliegerverbände konnte die Marine nie verfügen, sie blieb von der Luftwaffe abhängig. Dies sollte sich schon wenige Jahre später bitter rächen: Weil die Luftwaffe mit der Ausweitung des Krieges zu einem maßlosen Überdehnen ihrer Kräfte gezwungen wurde, konnte sie der Marine immer weniger Unterstützung zuteil werden lassen. Die Folgen: Blind, ohne eigene "Augen", mußte die Ubootwaffe die "Schlacht im Atlantik" führen, und später, als die Alliierten so stark geworden waren, daß sie auch über dem Atlantik genügend Flugzeuge einsetzen konnten, erlitt sie infolge Fehlens einer eigenen Sicherung aus der Luft verheerende Verluste.

Die einzigen Luftstreitkräfte, über welche die Marine operativ verfügen konnte, waren eigentlich nur die Bordflugzeuge der großen Einheiten, also der Schlachtschiffe und Kreuzer; im ganzen an die 30 Stück. Zwar gehörte deren Besatzung ebenfalls der Luftwaffe an und unterstand dieser truppendienstlich, aber ihr Einsatz erfolgte nach den Befehlen der jeweiligen Bordkommandos.

Frühzeitig erlosch auch das Kapitel über die vorgesehenen Trägerstaffeln, weil weder der einzige gebaute Flugzeugträger GRAF ZEPPELIN fertiggestellt wurde, noch andere Projekte zu realisieren waren. Von der Luftwaffe war die Aufstellung der Trägerstaffeln in der Hektik ihres Aufbaues ohnehin stets nur halbherzig betrieben worden.

Was von der Luftwaffe an Seeflugzeugen bereitgestellt wurde, war viel zu wenig: Ihre Zahl bei den Frontfliegerverbänden blieb immer unter 200 und erreichte nur einen Anteil von etwa fünf Prozent der Gesamtzahl aller Flugzeuge. Gleichwohl: Die Besatzungen jener verschwindend wenigen Seeflugzeuge gaben ihr Bestes. Sie flogen im Rahmen ihrer enggesetzten Möglichkeiten Aufklärung über See, sicherten eigene Kriegs- und Handelsschiffe, suchten und bekämpften Uboote und spielten im Seenotrettungsdienst für Freund und Feind eine herausragende humanitäre Rolle.

So sehr die Kriegsmarine darum kämpfte, über eigene Luftstreitkräfte zu verfügen – sie blieben ihr letztlich versagt. Daran änderten auch nichts Bilder wie dieses, die den Anschein einer reibungslosen Zusammenarbeit zwischen den Seefliegern der Luftwaffe und den schwimmenden Einheiten erweckten. Die Wirklichkeit war völlig anders, denn die Luftwaffe zeigte sich im Verlaufe des Krieges bald maßlos überfordert und konnte den Belangen der Kriegsmarine immer weniger Rechnung tragen. Hier sieht man eine Staffel von Seeflugzeugen über einem aus Kiel auslaufenden Flottenverband; voraus der Kreuzer NÜRNBERG, dahinter LEIPZIG und KÖLN und Zerstörer in Dwars. Das Bild ist vermutlich als Fotomontage entstanden.

Je länger der Krieg dauerte, umso schwieriger wurde es für die Marine, den für die Sicherung ihrer schwimmenden Einheiten erforderlichen angemessenen Schutz von der Luftwaffe zu erhalten. Szenen wie hier auf diesen beiden Bildern gehörten ab etwa Mitte des Krieges zu den Ausnahmefällen. Auf dem einen Bild sieht man ein Kampfflugzeug des Typs "Me 210" bei der Sicherung eines Zerstörerverbandes. Das andere Bild ist auf dem Schweren Kreuzer PRINZ EUGEN entstanden und zeigt ein sicherndes Flugboot des Typs "BV 138". Beide Aufnahmen entstanden in Norwegen.

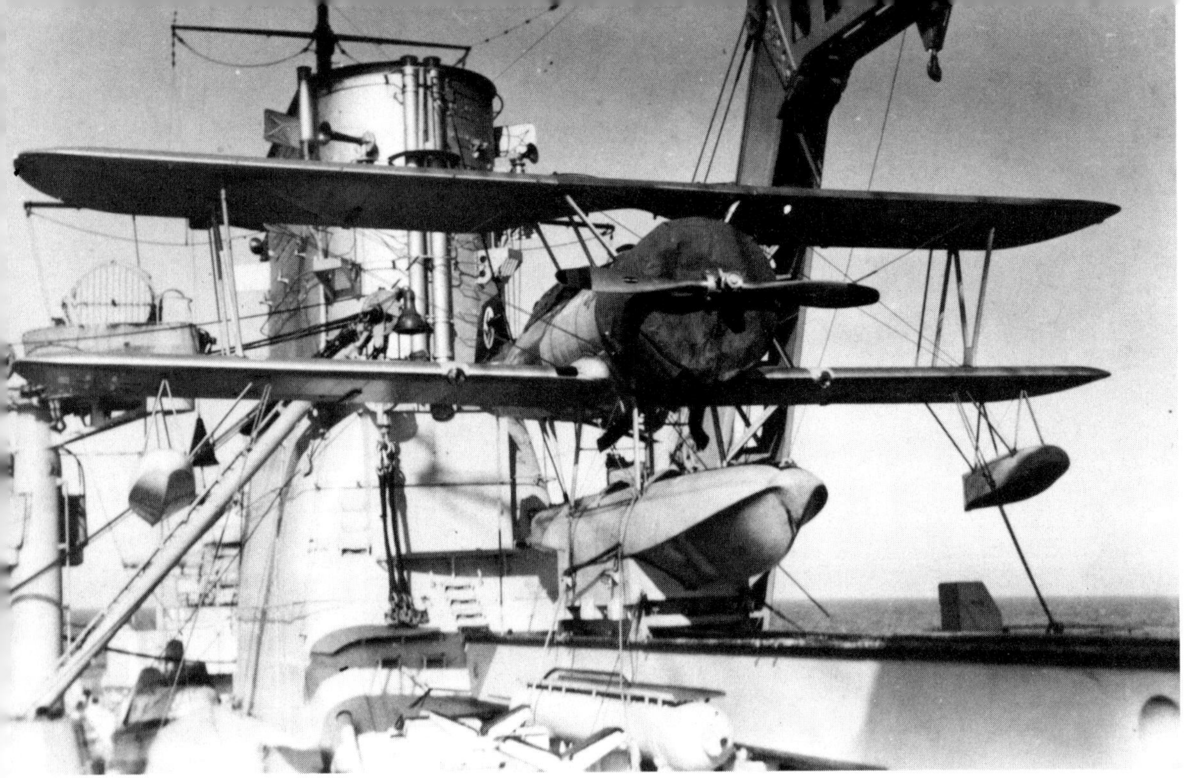

Etwa von 1934 ab wurden die vorhandenen Panzerschiffe und Kreuzer (außer der EMDEN) mit Katapulten ausgerüstet, um künftig Bordflugzeuge zur Unterstützung zur Verfügung zu haben. Dabei wurden auch Versuche mit katapultfähigen ausländischen Flugzeugmustern vorgenommen, so mit einigen im Jahr 1934 in den USA gekauften Vought V 85 G "Corsair", die einen Zentralschwimmer und zwei Stützschwimmer hatten. Hier sieht man eine solche Maschine auf dem Katapult des Kreuzers LEIPZIG.

Das Hein'sche Landesegel sollte die Anbordnahme des gewasserten Bordflugzeuges erleichtern. Nach dem Niedergehen mußte es sich auf das zuvor ausgebrachte Landesegel bewegen und auf dieses gelangen, wo es den Kräften des Seeganges etwas weniger ausgesetzt war und leichter an den Haken genommen werden konnte. Dieses Bild zeigt eine He-60 auf dem Landesegel eines Panzerschiffes.

Die Ar-196 löste 1939 die bisher verwendeten He-60-Bordflugzeuge ab und erwiesen sich als außerordentlich robust. Zum Einstellen in die Flugzeughalle konnten ihre Tragflächen nach Lösen der Haltebolzen zurückgelegt werden. Dieses Bild gestattet einen Blick in die geöffnete Flugzeughalle des Schweren Kreuzers PRINZ EUGEN mit zwei darin abgestellten Ar-196.

Die Anbordnahme einer He-60. Im Hintergrund das gerade in Dienst gestellte Schlachtschiff SCHARNHORST, weiter links der Kreuzer NÜRNBERG. Die Aufnahme entstand 1939 in Wilhelmshaven.

Ein an Land gewartetes und instandgesetztes Bordflugzeug vom Typ Ar 196 V-3 wird in der Brunsbütteler Schleuse an Bord einer großen Einheit genommen.

Mit Hubschraubern zu experimentieren begann man in Deutschland schon sehr frühzeitig. Zu Anfang der 40er Jahre wurde als Beobachtungsflugzeug die Fl-282 "Kolibri" entwickelt, und diese ist auf zwei Schiffen erprobt worden: Zunächst auf dem Kreuzer KÖLN und danach auf dem noch der Luftwaffe unterstellten Flugzeugbergungsschiff DRACHE im Mittelmeer, einem früheren jugoslawischen Werkstattschiff. Dieses Bild entstand 1943 auf der DRACHE und zeigt eine "Kolibri" bei der Landung.

Von großem Nutzen waren die eingeschifften Ar-196 der 1940/41 im Nordatlantik eingesetzten Schlachtschiffe und Kreuzer. Auch einige Hilfskreuzer hatten eine solche Maschine an Bord. Hier ist vor dem Schlachtschiff SCHARNHORST eine gewasserte Ar-196 zu sehen, das andere Bild zeigt eine startklare Ar-196 auf seiner nach querab geschwenkten Schleuder.

LANDKAMPF-MARINEVERBÄNDE

Eine eigene, für den infanteristischen Einsatz ausgebildete Truppe etwa nach dem Vorbild der britischen "Marines" oder des U.S. Marine Corps war im friedensmäßigen Aufbau der Kriegsmarine nicht vorgesehen – und dies, obwohl es vor dem Ersten Weltkrieg bereits deutsche "Seesoldaten" und während des Krieges ein Marinekorps gegeben hatte. Dafür bestand jedoch deshalb kein Bedarf mehr, weil amphibische Operationen nicht zur Diskussion gestanden hatten, zumal seitens der Kriegsmarine eine zukünftige Gegnerschaft zu Großbritannien ausgeschlossen schien, wie ihrem Oberbefehlshaber bis 1939 von Hitler versichert worden war. Dennoch ist es schon im ersten Kriegsjahr zum Einsatz von Marineangehörigen in der Landkriegführung gekommen. Beispielhafte Fälle waren der Einsatz eines auf dem Schulschiff SCHLESWIG-HOLSTEIN verdeckt bereitgehaltenen und dann gegen die Westerplatte bei Danzig angesetzten Marinestoßtrupps und die Einnahme der britischen Kanalinseln Jersey, Guernsey und Alderney im Frühjahr 1940 durch ebenfalls in Stoßtrupps formierte Marineangehörige (auch der Einsatz jener Männer gehört dazu, die ihre Zerstörer in Narvik verloren hatten, obwohl es zu diesem unter gänzlich anderen Verhältnissen gekommen ist).

In größerem Stil kam es erst gegen Ende 1944 zum infanteristischen Einsatz von Kriegsmarineangehörigen. So wurde im November 1944 ein brigadestarker Verband zur Sicherung der dänischen und niederländischen Küste aufgestellt; im Januar 1945 ist diese Brigade zur Division vergrößert und an die Ostfront geworfen worden, um die deutschen Grenzen gegen den Ansturm der Roten Armee zu verteidigen; dabei wurde sie in schwerste Kämpfe verwickelt. Eine im Februar 1945 aufgestellte zweite Marinedivision kam im Westraum des Reiches zwischen Weser und Aller zum Einsatz, vier weitere im Frühjahr 1945 aufgestellte Marinedivisionen erreichten bei weitem ihre Sollstärke nicht mehr und sind an verschiedenen Brennpunkten eingesetzt worden.

Allen diesen buchstäblich aus dem Boden gestampften Marinedivisionen war gemeinsam, daß ihre Angehörigen – vielfach handelte es sich um Besatzungen von verlorengegangenen oder sonstwie ausgefallenen Schiffseinheiten – nur im Rahmen ihrer Rekrutenzeit Kenntnisse über die Landkriegführung erhalten hatten; diese im Marinejargon als "Marine-Buschkrieg" bezeichnete Grundausbildung entbehrte vielfach jeder realistischen Basis. Nicht mitgegeben werden konnten diesen Männern jene Kenntnisse und Fronterfahrungen, über die ihre Heereskameraden verfügten. Entsprechend hoch waren dann auch die Verluste dieser Marinedivisionen; hinzu kam noch, daß ihre Ausrüstung mangelhaft war, schwere Waffen völlig fehlten und ihre Führung angesichts der auch den Offizieren und Unteroffizieren fehlenden Kampferfahrungen oft genug schlecht war – hervorragende Ubootkommandanten mußten nicht notwendigerweise auch erfolgreiche Truppenkommandeure sein. Dennoch haben sich die Marinedivisionen wacker geschlagen, in einzelnen Fällen bis zur Selbstaufopferung. In Tapferkeit und Einsatzwillen standen sie den Heeresverbänden nicht nach.

Die Einnahme der britischen Kanalinseln im Frühsommer 1940 war im wesentlichen den Stoßtrupps der Kriegsmarine zuzuschreiben. Hier sind Stoßtruppangehörige mit dem Eisernen Kreuz zweiter Klasse ausgezeichnet worden.

Im nordwestdeutschen Raum künden Soldatengräber vom Untergang der dort eingesetzten 2. Marinedivision. Hier ein Friedhof bei Kettenburg in der Nähe von Visselhövede; die hier zur letzten Ruhe gebetteten Divisionsangehörigen fielen alle am 18. April 1945.

HÄFEN UND BAUWERFTEN DER KRIEGSMARINE

Die Hauptstützpunkte der Kriegsmarine waren im Frieden Kiel und Wilhelmshaven, von nicht minder großer Wichtigkeit erwiesen sich Bremerhaven, Cuxhaven, Swinemünde, Pillau und – von Herbst 1939 ab – Gotenhafen, das bis dahin polnisch Gdynia hieß. Hinzu kamen in zahlreichen weiteren Küstenstädten Garnisonen, Schulen und sonstige Einrichtungen, so u. a. in Emden, Hamburg, Flensburg, Lübeck, Rostock, Saßnitz, Danzig und Memel; während des Krieges ist es dann auch im Hinterland zur Stationierung von Marineeinheiten und -einrichtungen gekommen.

Die Besetzung Dänemarks und Norwegens sowie der Waffenstillstand im Westen brachten der Kriegsmarine die militärische Nutzung einer stattlichen Reihe weiterer Häfen und Stützpunkte, die als Ausgangsbasen für Operationen auf See von sehr großer Bedeutung waren. Jene neugewonnenen Stützpunkte formierten sich gleichsam als Kette, diese reichte in Norwegen von Kirkenes über Narvik, Drontheim und Kristiansand bis nach Horten und weiter zum dänischen Fredrikshavn, im Westen erstreckte sie sich von Ostende über Cherbourg, Brest, Lorient, St. Nazaire bis nach Bordeaux; wenig später mußte die Kriegsmarine auch im Bereich des Schwarzen Meeres und im Mittelmeerraum Häfen als Stützpunkte belegen. All dies bedeutete für sie eine maßlose Kräfteüberdehnung, der sie auf die Dauer nur schwerlich gewachsen sein konnte.

Die Hauptwerften lagen im Reichsgebiet. Zentren des Kriegsschiffbaus waren vor allem Kiel und Wilhelmshaven; aber auch Hamburg, Bremen, Danzig, Lübeck, Flensburg, Rostock, Stettin, Elbing und Königsberg spielten eine zunehmend wichtige Rolle. Es wurden aber auch Werften im besetzten Gebiet in Anspruch genommen. Besonders kooperativ erwiesen sich dabei die niederländischen Werften, die auch Neubauaufträge übernahmen und diese in durchweg zufriedenstellender Weise ausführten. Von etwa 1942 ab wurde der Einsatz von Fremdwerften jedoch immer mehr in Frage gestellt, besonders in Frankreich. Dort hatte die "Résistance" zu wirken begonnen. Es häuften sich Sabotagehandlungen, vielfach verweigerte unter Druck gesetztes Werftpersonal die Arbeit. Zuletzt ließ sich dort ein meist nur noch sehr bescheidener Betrieb ausschließlich mit eigenen Arbeitskräften aufrechterhalten (die für die nicht minder wichtigen heimischen Werften ausfielen).

Kiel war eines der wichtigsten Ausbildungszentren der Kriegsmarine. Besondere Bedeutung hatte dabei die in Friedrichsort untergebrachte I.MLA. Diese war eine der drei Marineunteroffizier-Lehrabteilungen. Hier zukünftige Unteroffiziere beim Winken mit Signalflaggen. Im Hintergrund das "Weiße Schloß am Meer", wie der Kasernenkomplex in Friedrichsort marineintern genannt wurde. Die Aufnahme ist noch im Frieden entstanden.

Die "Kriegsmarinestadt Kiel" war eine der beiden Zentren der maritimen Interessen des Reiches. Ihre Bedeutung hatte sie sowohl als großer Liegehafen für zahlreiche Schiffseinheiten wie auch durch zahlreiche Führungsstellen, Spitzenbehörden, Schulen und Ausbildungsstätten erlangt. Aber auch die dort gelegenen Werften spielten eine hervorragende Rolle. Fast das gesamte Kieler Ostufer war von Werftbetrieben und ähnlichen Einrichtungen belegt. An der Innenförde die hauptsächlich im Ubootbau tätige Krupp-Germania-Werft, danach die aus der einstigen Kaiserlichen Werft entstandenen Deutschen Werke Kiel AG (auf dieser erfolgte vorwiegend der Bau großer Einheiten), und schließlich nach dem (von der einstigen Kaiserlichen Werft übriggebliebenen) Marinearsenal die Kieler Howaldtswerke (die von 1939 bis 1943 im Besitz der Kriegsmarine waren und unter Einbeziehung des Marinearsenals als "Kriegsmarinewerft Kiel" geführt wurde). Alle diese Betriebe waren im Krieg häufig Ziel des alliierten Bombenkrieges und wurden wiederholt schwer getroffen. In den frühen 30er Jahren aufgenommen: Torpedoboote der "Raubvogel"- und "Raubtier"-Klasse an der Blücherbrücke.

Blick auf die Helgen der Deutschen Werke Kiel AG mit dem gerade ablaufenden Kreuzer BLÜCHER. Aufnahmezeitpunkt: 8. Juni 1937.

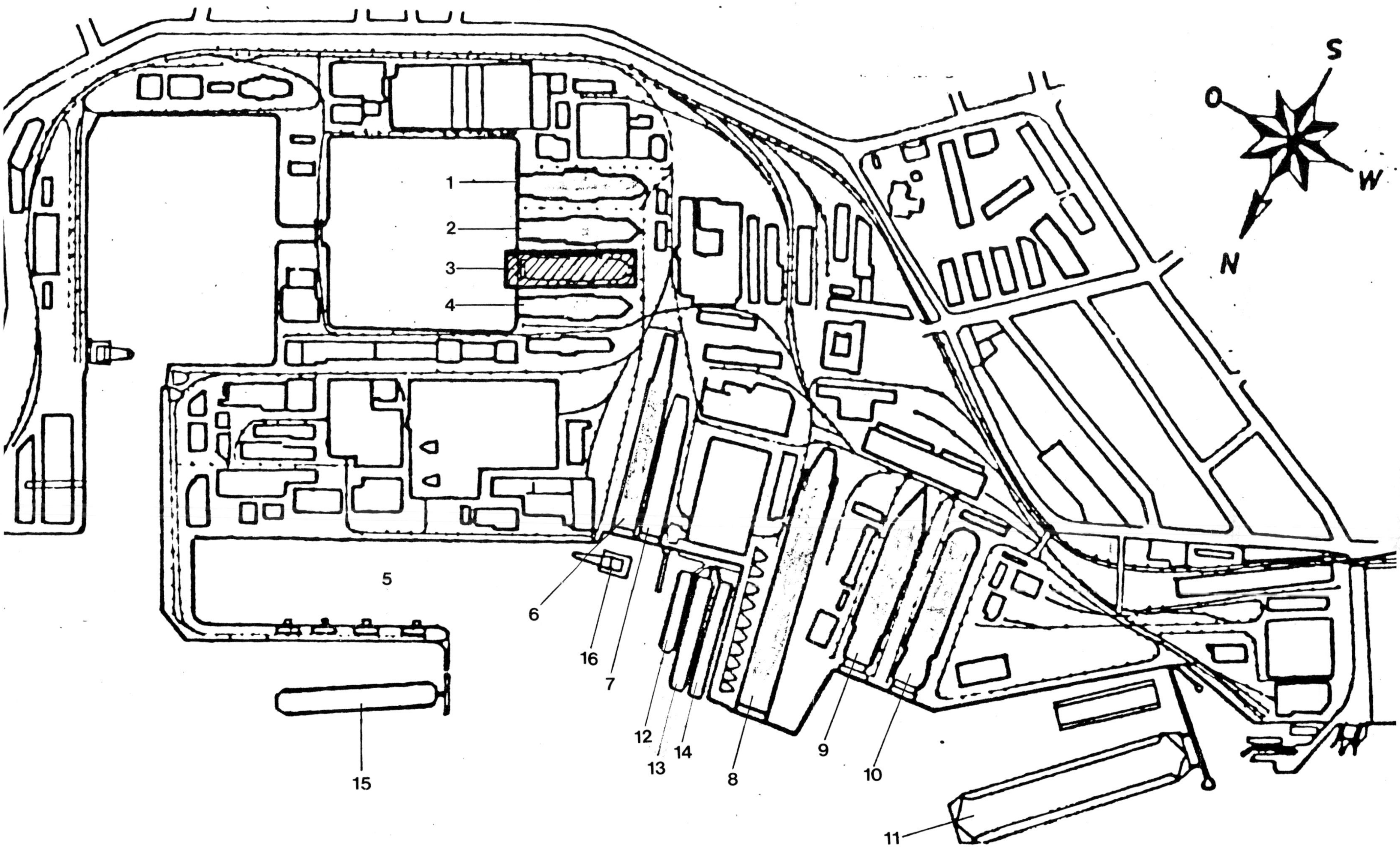

Lageplan der Deutschen Werke Kiel AG, von der Seeseite aus gesehen. Es bedeuten: 1 = Dock I, 2 = Dock II, 3 = Ubootbunker 'Kilian' (ex Dock III), 4 = Dock IV, 5 = Bauhafen mit Liegeplätzen zur Ausrüstung, 6 = Helling 2, 7 = Helling 1, 8 = Helling 3, 9 = Dock VI, 10 = Dock V, 11 = 40 000 t-Schwimmdock, 12 = 600 t-Schwimmdock, 13 = 2 000 t-Schwimmdock, 14 = 1 800 t-Schwimmdock, 15 = Schwimmdock des Marinearsenals, 16 = 350 t-Schwimmkran.

Die Anlagen der Deutschen Werke Kiel AG nach dem Bauzustand von November 1940. Links schloß die Germaniawerft an, rechts das Marinearsenal, welches von 1939 bis 1943 mit den Kieler Howaldtswerken zur "Kriegsmarinewerft Kiel" zusammengeschlossen war.

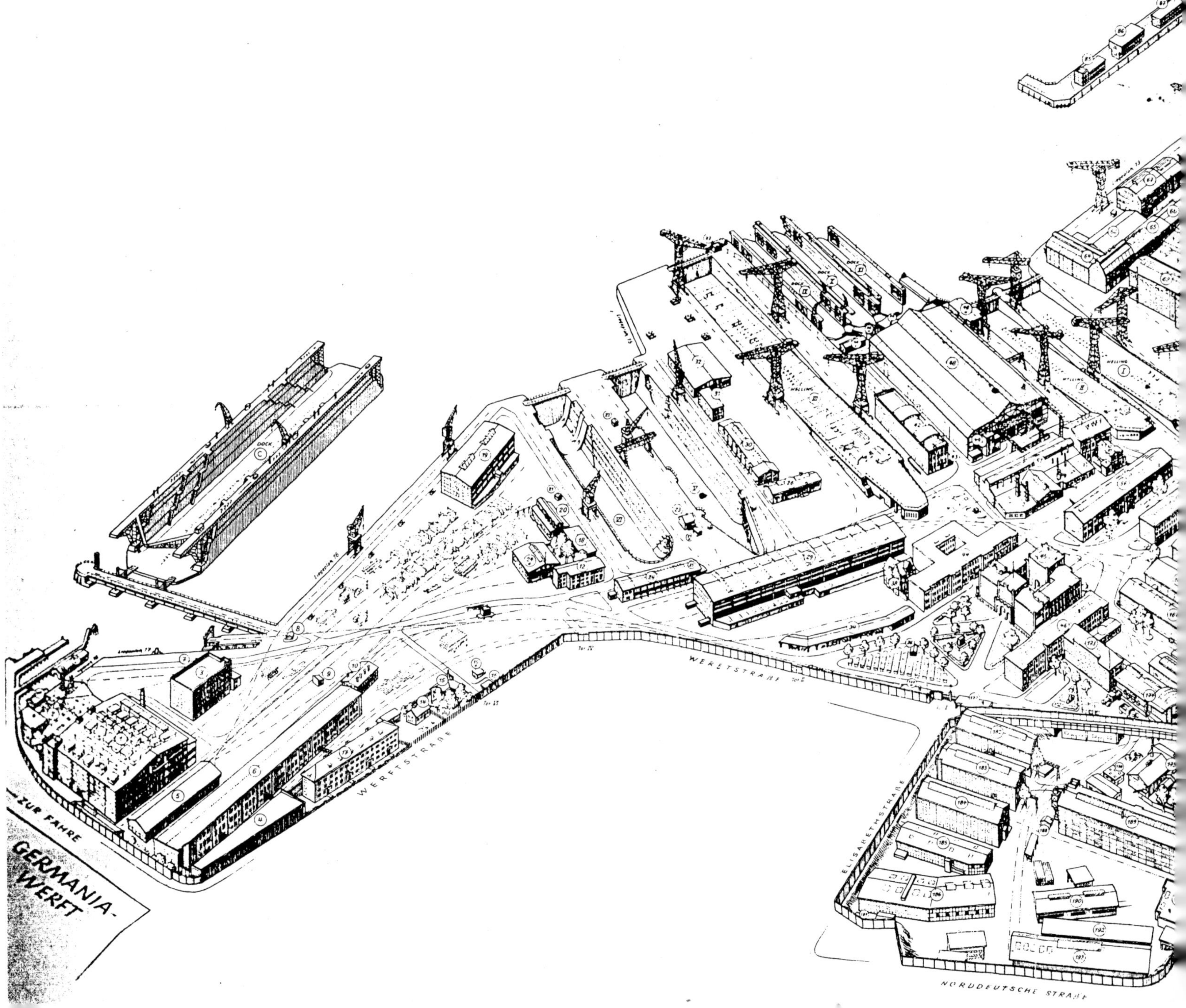

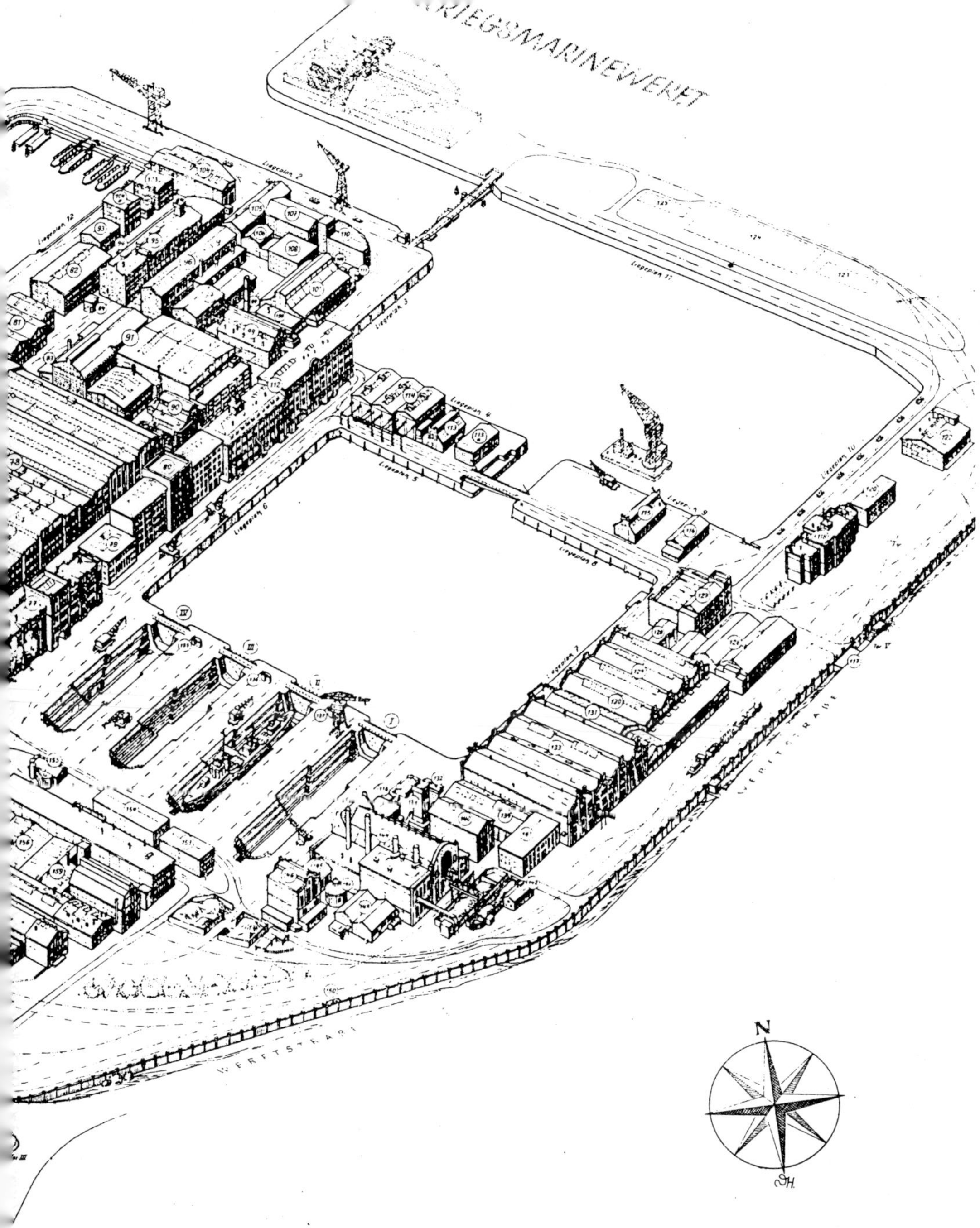

Lageplan der Deutsche Werke Kiel Aktiengesellschaft

Einen Teil des zu den Deutschen Werken Kiel AG gehörenden Areals zeigt dieses dokumentarische Bild. Aufgenommen wurde es am 19. Mai 1931 anläßlich des Stapellaufs des Panzerschiffes DEUTSCHLAND. Der Blick geht auf die Wasserfront mit der Stadt Kiel ganz im Hintergrund. Zu sehen sind hier die beiden größten Helgen der Werft, von denen die linke leer ist.

Die Deutschen Werke Kiel AG im Herbst 1942. Ganz links der Aviso GRILLE, am Bildrand rechts der in einem Trockendock liegende Schwere Kreuzer PRINZ EUGEN. Parallel zu der langgestreckten Schiffbauhalle die von 1937 bis 1939 neugebaute Großhelling 3, auf der das im Februar 1939 in Auftrag gegebene Schlachtschiff "K" (ca. 52 600 ts) gebaut werden sollte.

Der britisch-amerikanische Bombenkrieg traf bis etwa 1944 in weitaus überwiegendem Maße die deutsche Zivilbevölkerung, vermochte aber die Rüstungsindustrie nicht nachhaltig auszuschalten. Erst in der letzten Phase des Krieges, als es praktisch kaum mehr eine deutsche Luftverteidigung gab, gelang es ihnen, den industriellen Komplexen des Reiches schwere Schäden zuzufügen. Hier ein Bild, wie es bei den Deutschen Werken in Kiel kurz nach der Kapitulation aussah. Was noch halbwegs erhalten war, ist von den Siegern demontiert und abtransportiert worden, die Reste sprengten sie ohne Rücksicht auf die Lebensinteressen der Bevölkerung in die Luft. Kein Stein blieb auf dem anderen . . .

So boten sich am 18. August 1947 die Kieler Howaldtswerke dar. Rechts neben den Helgen der 1945 gesprengte Ubootbunker "Kilian", der noch heute als Ruine zu besichtigen ist.

Die im August 1946 aufgenommene Krupp-Germania-Werft mit ihren ausgebrannten Uboot-Hallenhelgen, von denen nur noch die Stützpfeiler und die Dachkonstruktion übriggeblieben sind.

Wilhelmshavens Bedeutung als Marinestadt war eher noch größer als die von Kiel; neben zahlreichen Marineeinrichtungen der verschiedensten Art befand sich dort die einzige marineeigene Werft; auf dieser wurden vor allem Schlachtschiffe, Kreuzer, Torpedoboote und Uboote gebaut. Dieses Unternehmen, seit Mitte der 30er Jahre als "Kriegsmarinewerft Wilhelmshaven" bezeichnet, war im Krieg vielfach das Ziel massierter alliierter Luftangriffe. Den Engländern stets ein "Dorn im Auge", ist sie von diesen nach Kriegsende dem Erdboden gleichgemacht worden. Maschinen und anderes abbaubares Material wurden der Sowjetunion zugesprochen. Nachdem deren Frachter das gesamte Material abtransportiert hatten, legten die Engländer ihre Sprengladungen – kein Dock blieb erhalten, keine Helling übrig, die letzten Gebäudeteile sanken in Trümmer. Selbst die Zufahrten zum Hafen blieben nicht verschont. Damit war Wilhelmshaven tödlich getroffen. Ein Blick auf die Kriegsmarinewerft Wilhelmshaven, aufgenommen im Oktober 1936. Hier liegt das Schlachtschiff SCHARNHORST zum Stapellauf bereit.

Lageplan der Marine- und Hafenanlagen von Wilhelmshaven nach dem Stand von ca. 1936.

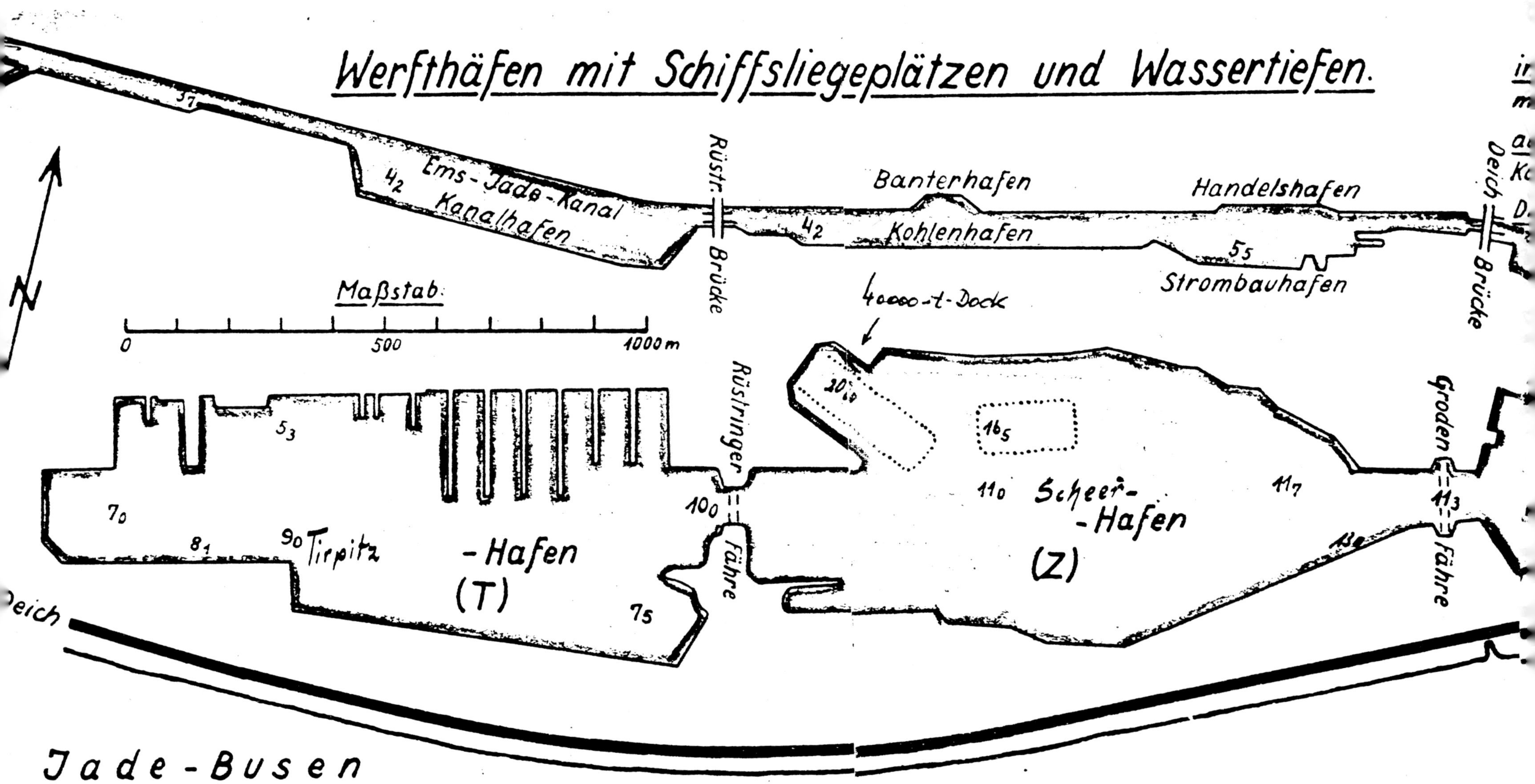

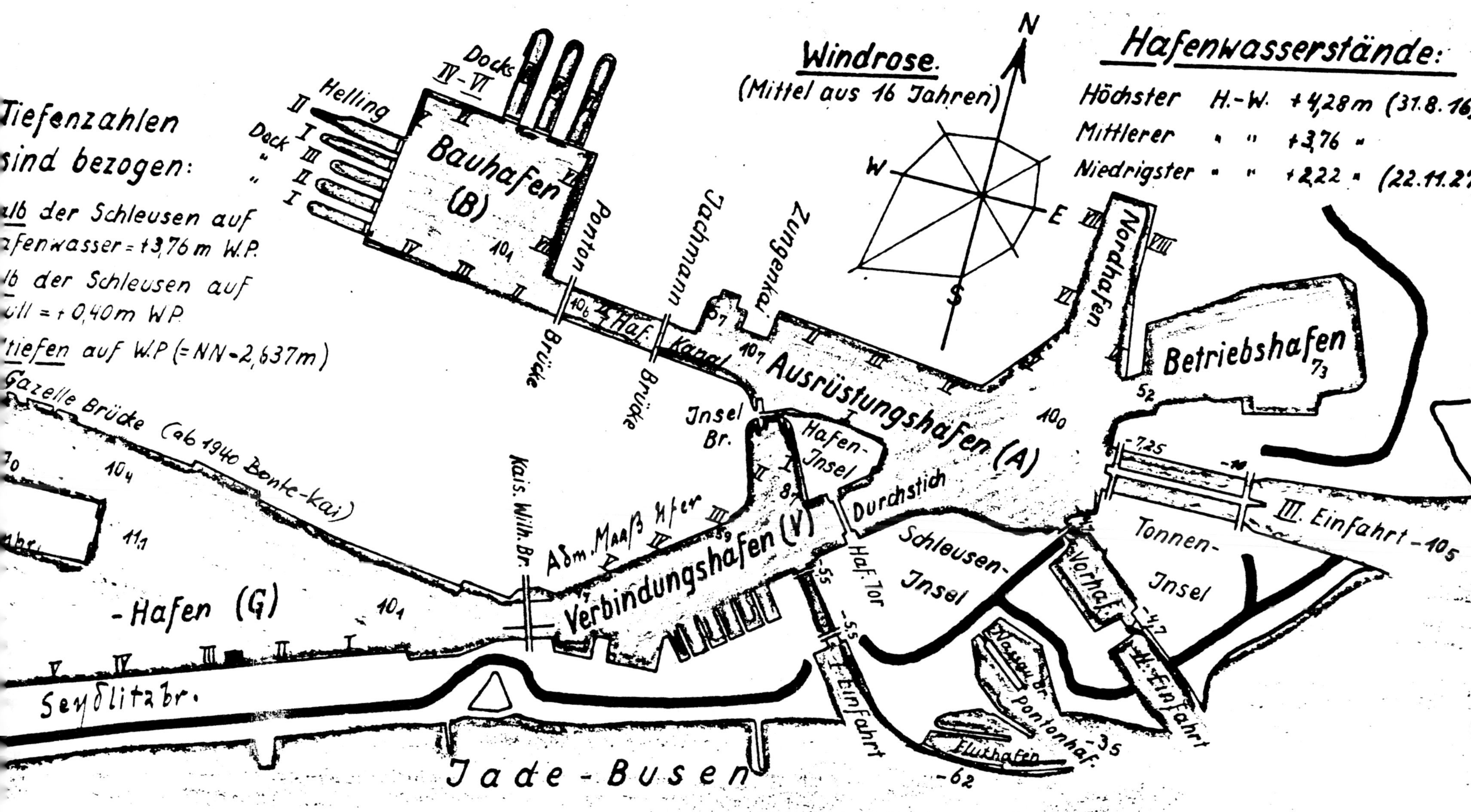
Hafenwasserstände:
Höchster H.-W. +4,28 m (31.8.16
Mittlerer " " +3,76 "
Niedrigster " " +2,22 " (22.11.27
Windrose.
(Mittel aus 16 Jahren)
N
W
E
S
Tiefenzahlen
sind bezogen:
lb der Schleusen auf
afenwasser = +3,76 m W.P.
lb der Schleusen auf
ll = + 0,40 m W.P.
tiefen auf W.P. (= NN - 2,637 m)
Docks
IV - VI
Helling
Dock
Bauhafen
(B)
Ponton
Brücke
Jachmann
Brücke
Zungenkai
Haf. Kanal
Ausrüstungshafen (A)
Nordhafen
Betriebshafen
Jnsel Br.
Hafen-Jnsel
Durchstich
Gazelle Brücke (ab 1940 Bonte-kai)
Kais. Wilh. Br.
Adm. Maaß Ufer
Verbindungshafen (V)
-Hafen (G)
Haf. Tor
Schleusen-Jnsel
Vorhaf.
Tonnen-Jnsel
III. Einfahrt
I. Einfahrt
II. Einfahrt
Nassau Br.
Pontonhaf.
Fluthafen
Seydlitzbr.
Jade - Busen

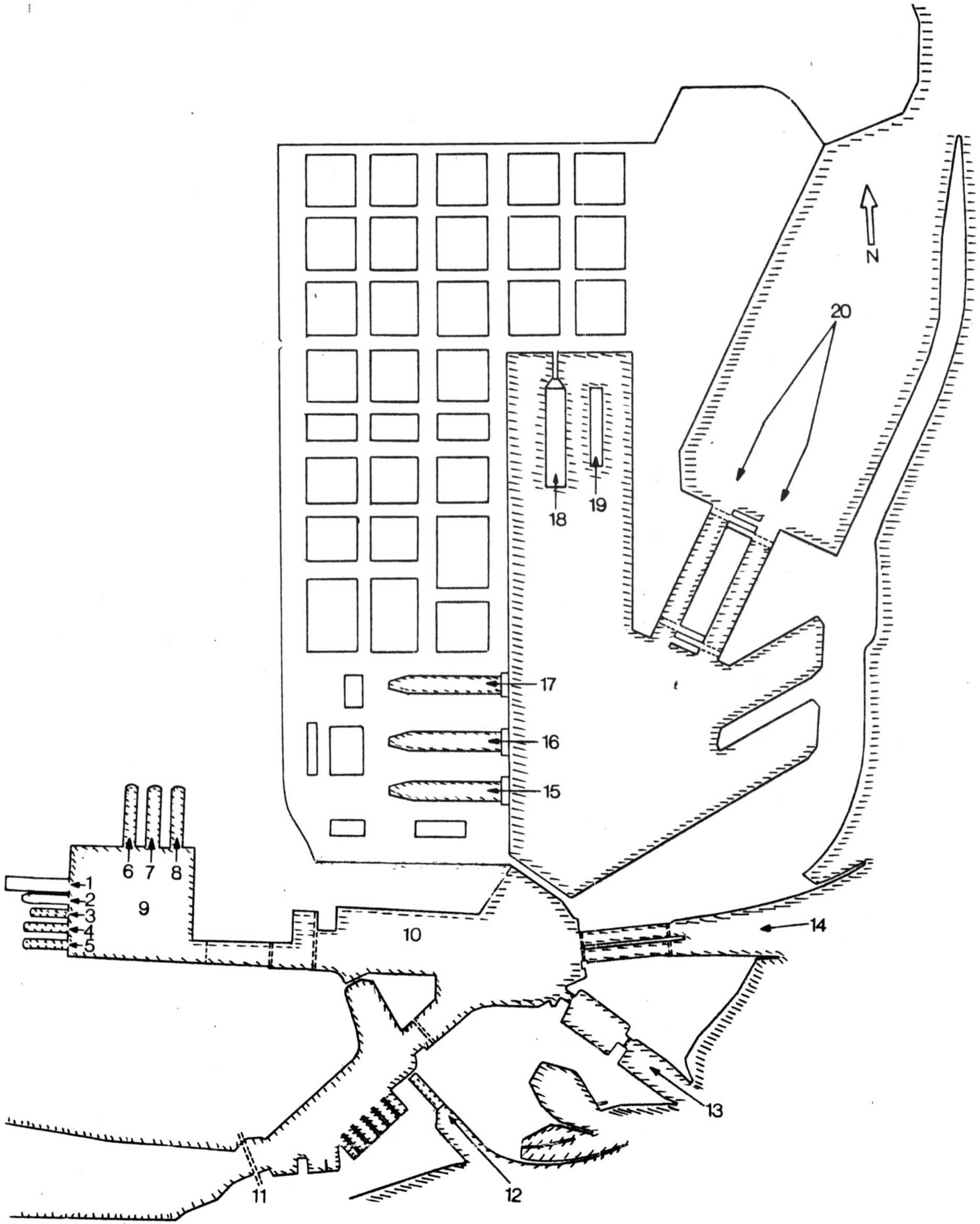

Auf der kurz vor Kriegsbeginn begonnenen Nordwerft sollten einmal die größten deutschen Kriegsschiffe entstehen, vor allem war an den Bau der auf Grund des "Z-Planes" geplanten Schlachtschiffe der "H"-Klasse gedacht. Hierfür wurden drei große Baudocks vorgesehen, von denen zwei noch begonnen, aber nie fertiggestellt wurden. Etwa 1944 wurden alle Arbeiten einschließlich der neuentstehenden Vierten Einfahrt eingestellt. Dieser große Lageplan verdeutlicht diese "Nordwerft". Es bedeuten: 1 bis 10 die Anlagen der alten Kriegsmarinewerft (1 = Helling II, 2 = Helling I, 3 = Dock III, 4 = Dock II, 5 = Dock I, 6 = Dock IV, 7 = Dock V, 8 = Dock VI, 9 = Bauhafen, 10 = Ausrüstungshafen). 11 = Kaiser-Wilhelm-Brücke, 12 = Erste Einfahrt, 13 = Zweite Einfahrt, 14 = Dritte Einfahrt. 15 bis 19 die Anlagen der Nordwerft (15 = Dock IX, 16 = Dock VIII, 17 = Dock VII, 18 = Schwimmdock, 19 = Schwimmdock). 20 = Vierte Einfahrt.

Diese am 18. Februar 1943 entstandene alliierte Luftaufnahme aus größerer Höhe zeigt die Kriegsmarinewerft im Zentrum. Auf den Helgen I und II befinden sich – unter Tarnabdeckungen – Uboote im Bau, die Docks I – III sind belegt (vermutlich mit Ubooten), Dock IV ist geflutet, das Dock V von einer größeren Einheit belegt (mutmaßlich Schwerer Kreuzer ADMIRAL SCHEER), und in Dock VI liegt ein kleineres Fahrzeug. Quer im Bauhafen ein nicht zu identifizierendes Schiff, möglicherweise ein Sperrbrecher.

Ein anderes, von den Alliierten aufgenommenes Luftbild zeigt den Gesamtkomplex der Anlagen in Wilhelmshaven. Rechts neben der Kriegsmarinewerft sind die ausgehobenen Dockgruben für die Docks VII und VIII der kurz vor Kriegsbeginn begonnenen Nordwerft zu sehen. Am Bildrand ganz rechts erkennt man die gleichfalls noch im Bau befindlichen Schleusen der neuentstehenden Vierten Einfahrt; nach dem Bauzustand zu urteilen, ist diese Aufnahme etwa 1940/41 entstanden. Die im Bauhafen an der Ausrüstungspier liegende große Einheit könnte das Schlachtschiff TIRPITZ sein. Ganz links die Anlagen der Westwerft mit dem sich deutlich abzeichnenden 40 000 t-Schwimmdock.

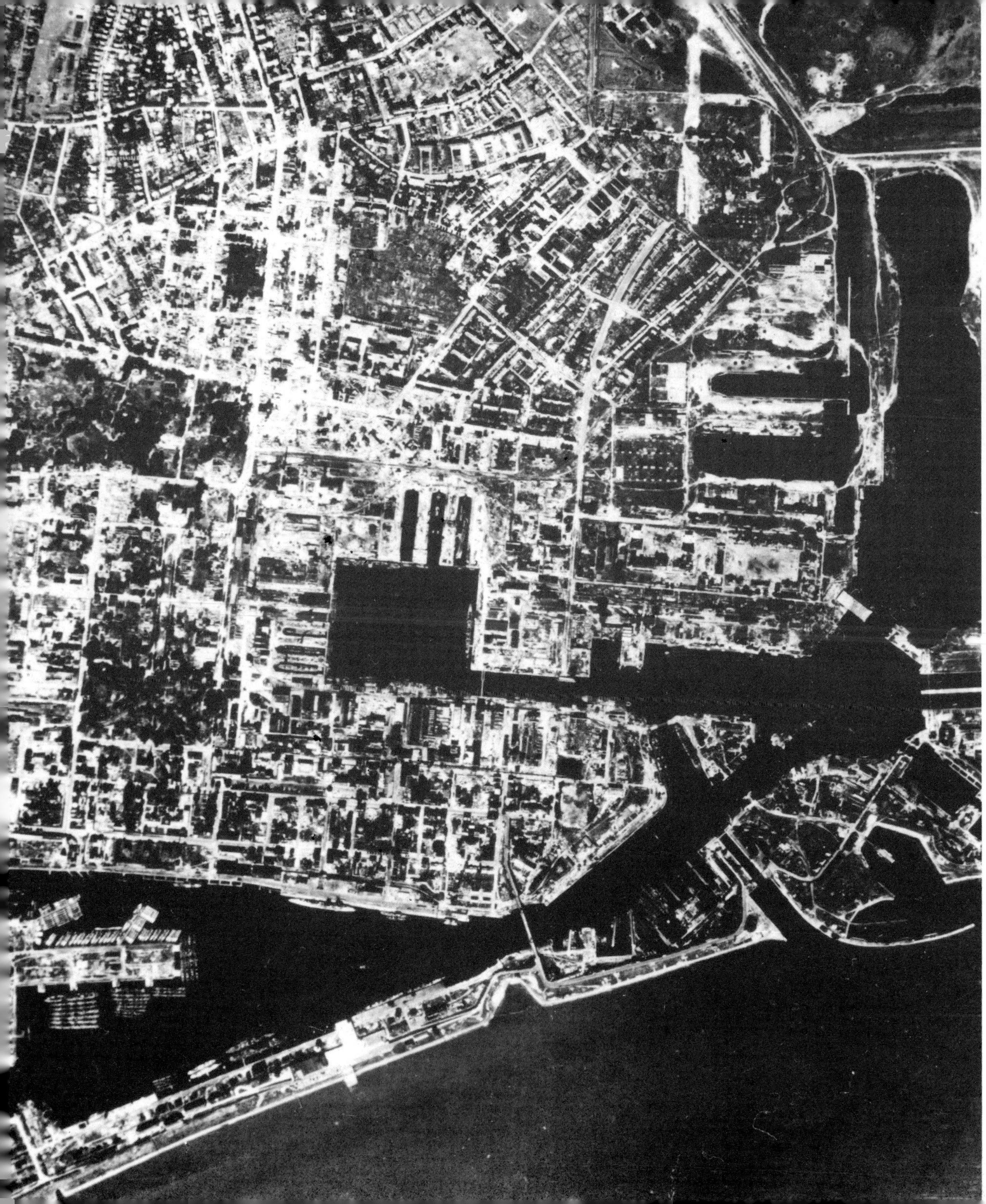

Die Werft- und Marineanlagen Wilhelmshaven wurden von den Engländern nach Kriegsende dem Erdboden gleichgemacht. Mit Sprengladungen zerstörten sie alles, was der Bombenkrieg und danach die Demontagen übriggelassen hatten. Hier die gesprengte Dritte Einfahrt; im Hintergrund links die Kaiser-Wilhelm-Drehbrücke.

Wilhelmshaven nach Kriegsende. Im Hipperhafen zahlreiche Einheiten der Kriegsmarine, bereitliegend zur Aufteilung unter den Siegermächten.

Hamburgs Bedeutung für die Kriegsmarine lag in seiner sehr leistungsfähigen Schiffbauindustrie. Es gab dort gleich mehrere Werften, die für die Kriegsmarine tätig waren: Die Howaldtswerke, Stülcken Sohn, die Deutsche Werft mit zwei Betrieben, die Norderwerft und – als größte und bekannteste von ihnen – Blohm & Voß; auf letzterer wurden u. a. Schlachtschiff BISMARCK, der Schwere Kreuzer ADMIRAL HIPPER sowie Zerstörer und Flottenbegleiter gebaut, im Kriege stellte sie auf den Ubootbau um. Hamburgs Werften waren sehr häufig das Ziel schwerer Luftangriffe. Dennoch ist auch auf ihnen bis Kriegsende die Fertigung nie völlig zum Erliegen gekommen. Nach dem Kriegsende zerstörten und demontierten die Siegermächte alles, was der Bombenkrieg übriggelassen hatte. Hier ein Blick von oben auf die Werftanlagen von Blohm & Voß. Die Aufnahme stammt von 1927.

Hamburg war kein Liegehafen für Marineeinheiten, aber es gab im Frieden immer wieder Gelegenheiten für Marinebesuche. Eine solche bot sich am 14. Februar 1939 anläßlich des Stapellaufes des Schlachtschiffes BISMARCK. Hier ist das an den Landungsbrücken festgemachte Panzerschiff ADMIRAL SCHEER zu sehen.

Blohm & Voss' berühmtestes Schiff: Schlachtschiff BISMARCK hier im August 1940 kurz vor der Indienststellung an der Ausrüstungspier. Links im Hintergrund das gerade zu Wasser gekommene Fahrgastschiff VATERLAND, dessen Bau danach gestoppt wurde. Rechts im Hintergrund die charakteristische Helgenkulisse dieser Werft.

Kurz nach Kriegsende: Blick auf die Helgen von Blohm & Voss mit zahlreichen Ubootneubauten vom Typ XXI.

Auch diese Bilder entstanden kurz nach dem Kriegsende. Zu sehen sind die Helgenanlagen von Blohm & Voss, auf denen weit vorangekommene Typ XXI-Uboote liegen. Im benachbarten Ross-Hafen blickt man rechts auf den zur Hamburger Howaldtswerft gehörenden Hachmanns-Kai mit einem halb gesunkenen Schwimmdock davor. Weiter hinten das nach einem Luftangriff ausgebrannte ehemalige KDF-Fahrgastschiff ROBERT LEY mit Steuerbordschlagseite; es hatte im Krieg zuerst als Lazarett- und dann als Wohnschiff für Kriegsmarineangehörige gedient. Ganz im Hintergrund das Kraftwerk Neuhof.

Bremen war kein Liegehafen für schwimmende Einheiten, aber es spielte für den Kriegsschiffbau eine wichtige Rolle. Auf seiner größten Werft, der "Deschimag" (damals und nach dem Kriege wieder bis zur Schließung in den 80er Jahren als AG "Weser" bekanntgeworden) wurden Kreuzer und kleinere Einheiten gebaut. Im Krieg ist die Werft mit Zerstörer- und hauptsächlich Uboot-Aufträgen betraut worden. Hier der Zerstörer Z 26 auf der Helling liegend; die Aufnahme dürfte kurz vor dem am 2. April 1940 erfolgten Stapellauf entstanden sein.

Zerstörerbau auf der "Deschimag"-Werft: Z 23 während des ersten Ausrüstungsabschnitts. Im Hintergrund der noch unfertige Schwere Kreuzer SEYDLITZ.

Die Helgen der "Deschimag"-Werft in den frühen 30er Jahren von einem Luftschiff aus gesehen. Rechts die Großhelling, auf der das 1928 zu Wasser gekommene 51 000 BRT-Fahrgastschiff BREMEN gebaut wurde. Auf der gleichen Helling ist 1939 der Kiel eines Superschlachtschiffes der "H"-Klasse gelegt worden.

Die Friedrich-Lürssen-Werft in Vegesack bei Bremen wurde die berühmteste deutsche Schnellboot-Werft und ist es bis zur Gegenwart geblieben. Hier ein Blick auf das Werftareal in den späten 20er Jahren.

Flensburg spielte im Ausbildungswesen der Kriegsmarine eine bedeutungsvolle Rolle. Wer in der Kriegsmarine die Offizierslaufbahn einschlug, den führte der Weg über die Marineschule in Mürwik. Darüber hinaus gab es dort noch die Torpedoschule, die Marinenachrichtenschule und die Steuermannsschule. Dieser Komplex ist – im Mai 1945 kurz nach Kriegsende aufgenommen – im Hintergrund zu sehen. Im Vordergrund an der "Württembergbrücke" mehrere Schnellboote, dahinter – an der "Blücherbrücke" festgemacht – die Fahrgastschiffe CARIBIA (innen) und PATRIA (außen). Auf der PATRIA wurde Großadmiral Dönitz als letzter deutscher Reichspräsident am 23. Mai 1945 von den Alliierten abgesetzt und verhaftet.

Swinemünde war neben Bremerhaven und Wilhelmshaven im Frieden Hauptliegehafen von Zerstörern. Im Krieg erhielt es Bedeutung als Ausrüstungs- und Nachschubhafen. Diese von der alliierten Luftaufklärung geschossene Aufnahme zeigt die Belegung am 26. Juli 1943. Am Bauhof haben mehrere Schiffe festgemacht, die beiden Pfeile verweisen auf den Kreuzer NÜRNBERG. Swinemünde wurde von den Polen annektiert und heißt seither Swinoujscie.

Lageplan von Swinemünde (Vorkriegsstand)

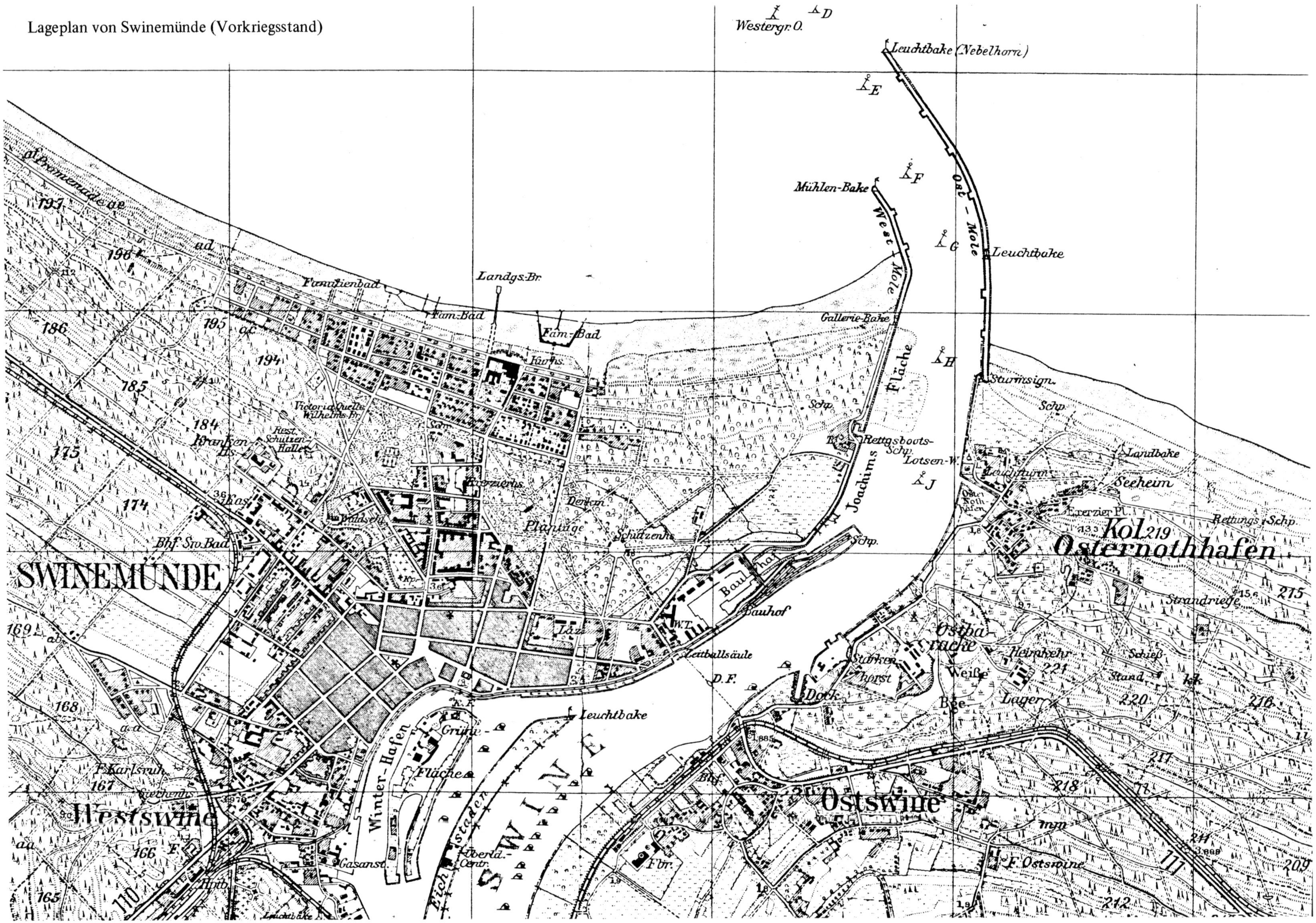

Die AG "Neptun" in Rostock – ein Werftunternehmen, dessen Entstehung bis auf das Jahr 1748 zurückzuführen ist – war schon während des Ersten Weltkrieges zum Kriegsschiffbau herangezogen worden und hatte ab 1938 wieder Anteil daran. Dort entstanden Uboote, Minensuchboote und Tender. 1945 geriet die durch Bombenangriffe stark in Mitleidenschaft gezogene Werft in den sowjetischen Einflußbereich. Anfangs wurde sie für Reparaturarbeiten herangezogen. Diese 1948 entstandene Aufnahme zeigt dort ehemals deutsche Kriegsschiffe, die 1945 den Sowjets als Beute zugesprochen wurden. Von links nach rechts der Flottenbegleiter F 7, dann die Zerstörer Z 33 und Z 20 sowie schließlich ein Zerstörer sowjetischer Bauart.

Der Anteil der 1854 von Ferdinand Schichau in Elbing gegründeten gleichnamigen Werft am deutschen Kriegsschiffbau war bemerkenswert. Vor dem Ersten Weltkrieg und während des Zweiten Weltkrieges wurden dort in stattlichen Stückzahlen Torpedoboote gebaut. Diese Bilder zeigen die Elbinger Schichau-Werft mit ihren Helgen im Kriegsjahr 1943 und das Ausrüstungsbecken am Elbing-Fluß; im Hintergrund längsseits eines Schwimmdocks eines der neuen Flotten-Torpedoboote.

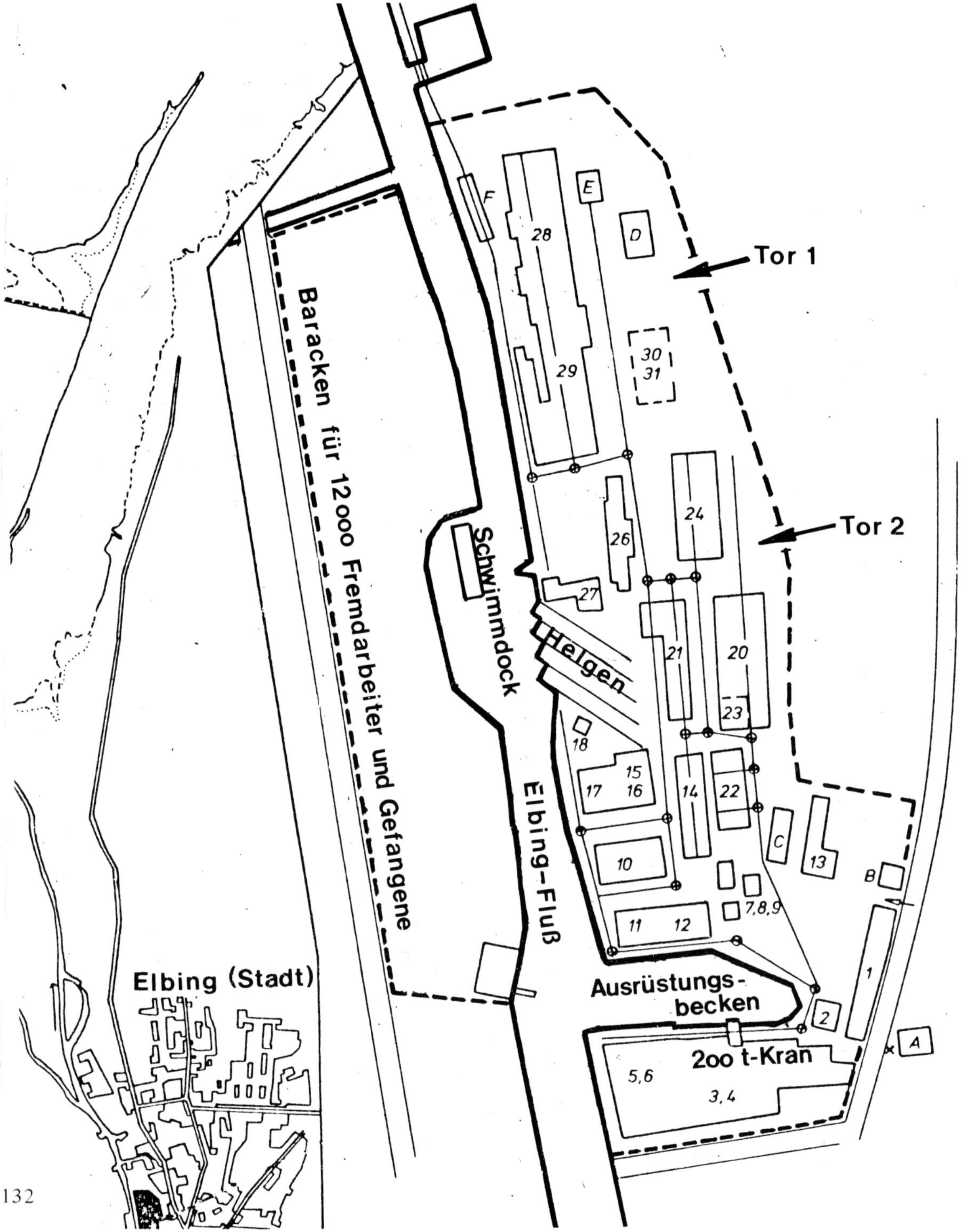

Lageplan der Schichau-Werft in Elbing nach dem Stand von Anfang 1945 (nach einer polnischen Vorlage in "Budownictwo Okretowe" Nr. 12/1986)

Es bedeuten:

1	=	Projektbüro
2	=	Direktionsgebäude
3, 4, 5, 6	=	Turbinenwerkstätten
7, 8, 9	=	Büro für Bauaufsicht
10	=	Schlafgebäude für Schiffsbesatzungen
11, 12	=	Ausrüstungsabteilung
13	=	Ambulanz
14	=	Magazin
15, 16, 17	=	Schlosserei
18, 19	=	Meisterbüro
20	=	Mechanische Werkstätten
21	=	Schiffbauhalle
22	=	Tischlerei
23	=	Werkstattbüro
24	=	Mechanische Werkstätte
26	=	Gießerei für Buntmetalle
27	=	Stahlgießerei
28	=	Eisengießerei
29	=	Stahlgießerei
30, 31	=	Elektrowerkstätten
A	=	Gemeinschaftsgebäude
B	=	Wachgebäude
C	=	Garagenbau
D	=	Vorratslager
E	=	Dampfkraftwerk
F	=	Magazin für Formteile

Nicht als Stützpunkt oder Liegehafen spielte Danzig seine maritime Rolle, sondern durch seine Schiffbauindustrie. Das größte Unternehmen war die 1890 gegründete Schichau-Werft; ursprünglich als Zweigbetrieb der Elbinger Stammwerft vorgesehen, wuchs sie schnell über diese hinaus und entwickelte sich zur Großwerft. Vor und während des Ersten Weltkrieges wurden von ihr Großkampfschiffe gebaut. Nach 1918 erlosch dort jedoch der Kriegsschiffbau für nahezu zwanzig Jahre, doch konnte der Bau ziviler Schiffe weiterbetrieben werden. Zurückzuführen war dies auf die 1920 auf Betreiben Polens zustandegekommene Herauslösung Danzigs aus dem deutschen Reichsverband und ihres neuen Status als Freie Stadt. Nach der 1939 vollzogenen Wiedereingliederung ist dann auch der Kriegsschiffbau wieder aufgenommen worden; die Schichau-Werft baute während des Zweiten Weltkrieges Uboote in größeren Stückzahlen. Während und besonders gegen Ende des Zweiten Weltkrieges wurden die Danziger Werften durch Luftangriffe stark in Mitleidenschaft gezogen und nahmen dann noch einmal schwere Schäden bei den Endkämpfen 1945. Nach dem Krieg wurde Danzig von den Polen annektiert und heißt seither Gdansk. Seine Werften sind wiederaufgebaut worden, diese haben es im kommunistischen Machtbereich mit ihren Erzeugnissen zu einigem Ansehen gebracht. – Wenn deutsche Kriegsschiffe Danzig anliefen, machten sie gewöhnlich in Neufahrwasser fest – und dies kam selten genug vor wegen des benachbarten Gotenhafen. Hier die beiden Schulschiffe SCHLESIEN und SCHLESWIG-HOLSTEIN in den ersten Septembertagen 1939.

Die Helgengerüste der Danziger Schichau-Werft; links am Bildrand der 60 m hohe 250 t-Hammerkran am Ausrüstungsbecken, damals so etwas wie ein zweites Wahrzeichen von Danzig.

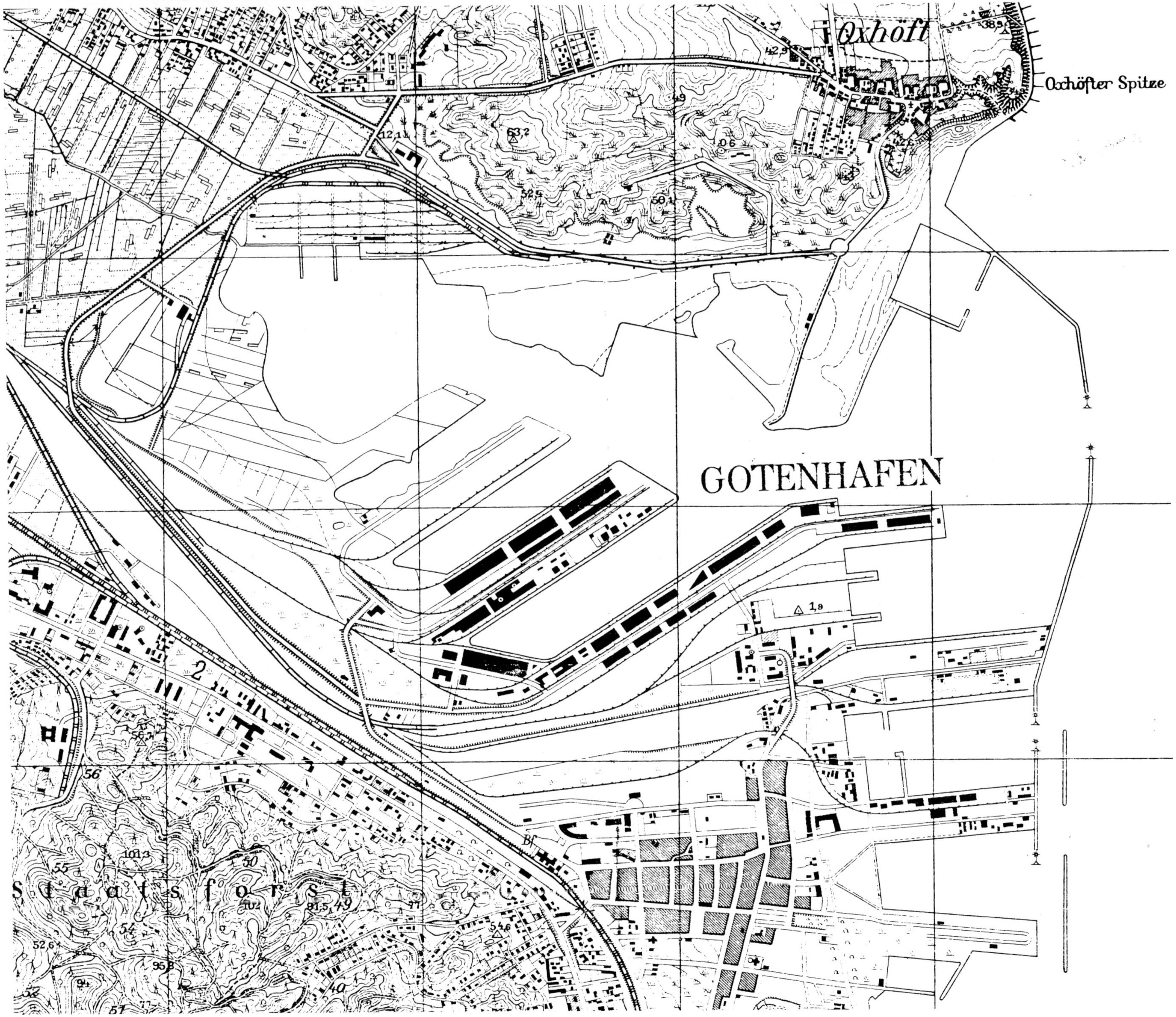

Aus dem kleinen, an der Danziger Bucht gelegenen Fischerdorf Gdingen war nach dem Ersten Weltkrieg Gdynia entstanden, ein von den Polen großzügig angelegter Handelshafen. Nach seiner Eingliederung in das deutsche Reichsgebiet im September 1939 nahm das nunmehrige Gotenhafen mehr und mehr die Rolle eines Hauptmarinestützpunktes in der Ostsee an. Seine Abseitslage vom westlichen Kriegsschauplatz begünstigte dort die Heranbildung des Ubootfahrer-Nachwuchses und die Durchführung von Werftliegezeiten und Reparaturen von Kriegsschiffen in einmaliger Weise, weil es außerhalb des Einflugbereiches der alliierten Bomber lag. Erst ab Ende 1943 wurde dies anders. Durch mehrere Luftangriffe und die Endkämpfe des Jahres 1945 trug Gotenhafen stärkere Schäden davon, wurde aber danach von den Polen wieder aufgebaut und noch weiter ausgebaut.

Die Hafen- und Kaianlagen von Gotenhafen, aufgenommen von einem alliierten Aufklärungsflugzeug im Oktober 1943, einen Tag nach dem ersten großen Luftangriff. In den einzelnen Hafenbecken zahlreiche Schiffe, festgemacht an den Piers.

Gotenhafen im Herbst 1942, hier mit dem Schweren Kreuzer LÜTZOW, der gerade einläuft. Links ganz im Hintergrund das Schlachtschiff SCHARNHORST.

Dieses am 20. August 1942 von einem alliierten Aufklärungsflugzeug geschossene Bild zeigt einen Teil der weiträumigen Hafenanlagen von Gotenhafen. Der Pfeil auf der linken Seite verweist auf das Schlachtschiff SCHARNHORST. Auf der gegenüberliegenden Seite – Oxhöft – ist das an drei Stichbrücken festgemachte Fahrgastschiff HANSA (es diente als Wohnschiff) zu sehen, dahinter die WILHELM GUSTLOFF, Kasernenschiff bei der II. Ubootlehrabteilung.

Pillau, als Fischereihafen ebenso von Bedeutung wie als Marinegarnison, wurde bereits im 17. Jahrhundert Kriegshafen. Ab Anfang dieses Jahrhunderts erhielt es durch die Fertigstellung des Königsberger Seekanals eine Schlüsselposition. 1945 spielte Pillau als Fluchthafen für die nach dem Westen strebende ostdeutsche Bevölkerung eine dramatische Rolle. Heute heißt Pillau Baltiiysk und ist Hauptstützpunkt der Baltischen Rotbannerflotte.

Norwegen bot mit seinen zahlreichen weit in das Land einschneidenden Fjorden gute Versteckmöglichkeiten für Kriegsschiffe. Beispiele dafür waren der Altafjord mit seinem Nebenarm Kaafjord nördlich von Tromsö, die Bogenbucht bei Narvik, der Foettenfjord bei Drontheim und der Skjomenfjord, ebenfalls bei Narvik. Die dort eingerichteten Liegeplätze waren meist durch Netzsperren gegen Ubootangriffe gesichert, Flak- und Nebeleinheiten gaben zusätzlichen Schutz vor Luftangriffen. Ungeachtet dieser Sicherungsmaßnahmen versuchten die Engländer immer wieder, die dort versammelten schweren Einheiten der Kriegsmarine auszuschalten. Dabei mußten sie eine Reihe von Fehlschlägen hinnehmen, aber zuletzt gelang es ihnen doch noch, ihr wichtigstes Ziel, das Schlachtschiff TIRPITZ, zur Strecke zu bringen. Ein solcher Liegeplatz ist hier zu sehen; links im Hintergrund der Schwere Kreuzer ADMIRAL SCHEER, im Vordergrund eine Netzsperre.

La Pallice an der französischen Atlantikküste wurde ein von den Überwasserstreitkräften und Ubooten vielbenutzter Stützpunkt. Hier – aufgenommen im Sommer 1941 – der Zerstörer Z 24. Auch ein großer Ubootbunker ist dort gebaut worden.

Brest, Lorient und andere französische Häfen dienten der Kriegsmarine von Sommer 1940 ab als neue Stützpunkte; damit war die seestrategische Ausgangslage entscheidend verbessert worden, der Zugang zum Atlantik frei. Insbesondere war es Brest, wo ein leistungsfähiges Marinearsenal und Dockgelegenheiten für die großen Einheiten zur Verfügung standen. Diese Aufnahme vermittelt einen Blick auf Brest vom Flugzeug aus. Hier ist der Schwere Kreuzer ADMIRAL HIPPER im Trockendock liegend zu sehen.

So bot sich der Kriegshafen Brest den deutschen Einheiten während der Zeit der Besetzung dar. Diese Aufnahme ist von Bord eines Zerstörers entstanden und zeigt im Hintergrund den Zerstörer KARL GALSTER (Z 20). Der Hammerkran ganz im Hintergrund kennzeichnet weitere Marineanlagen am Fluß La Penfeld.

Links: Lorient war ein hauptsächlich von Ubooten genutzter Stützpunkt. Hier ein Blick auf Stadt und Hafen.

Unten: In Lorient wurden mehrere Ubootbunker gebaut. Hier "Keroman 3", ein sogenannter "Naßbunker" (weil die Uboote in seine Boxen mit eigener Kraft einfahren konnten), Standardtyp der deutschen Ubootbunker. Ein völlig anderer Typ war der dortige "Trockenbunker": Die einzustellenden Uboote gelangten über eine Slipanlage trocken auf einem Längs- und Quergleissystem in ihre Einstellplätze. Ihr Aufslippen erfolgte zusammen mit einem Schwerlastfahrgestell, auf das sie eingeschwommen werden mußten.

Die stetig an Heftigkeit zunehmenden Luftangriffe auf Ubootstützpunkte zwangen dazu, für die Uboote Schutzbauten zu errichten. Solche entstanden in Frankreich (Brest 20 Boxen, Lorient 28 Boxen, St. Nazaire 21 Boxen, La Pallice 14 Boxen und Bordeaux 12 Boxen) und in Norwegen (Bergen 9 Boxen, Drontheim 8 Boxen). Aber auch im Heimatkriegsgebiet mußten solche gebaut werden, so in Hamburg ("Elbe-2" bei den Howaldtswerken mit 2 Boxen und "Fink-2" bei der Deutschen Werft Werk Finkenwerder mit 5 Boxen), Kiel ("Kilian" bei den Howaldtswerken mit 2 Boxen und "Konrad" bei den Deutschen Werken mit "Seehund"-Fertigungsstätten) und Bremen ("Hornisse" bei der Deschimag-Werft und "Valentin" in Farge, beide als Fertigungsstätten für den Ubootbau). Die Errichtung solcher Ubootbunker wurde bereits im Oktober 1940 befohlen und im Frühjahr 1941 in Frankreich begonnen. Schon gegen Ende 1941 waren die ersten von ihnen – in Lorient und La Pallice – verwendungsbereit. Diese Bunker hatten eine Deckenstärke bis zu 6,50 m und später sogar von acht bis zehn Metern. Bomben konnten ihnen im allgemeinen zunächst nichts anhaben. Erst die mehr als zehn Tonnen schweren "Grand Slam" – die 1944 gegen die Bunker in Brest eingesetzt wurden – vermochten sie zu durchschlagen. Diese Bilder zeigen die Ubootbunker in Bordeaux und St. Nazaire in unterschiedlichen Baustadien.

DIE ANGEHÖRIGEN DER KRIEGSMARINE MIT DEN HÖCHSTEN TAPFERKEITSAUSZEICHNUNGEN

Die folgende, in chronologischer Ordnung nach dem Tage der Verleihung angelegte Übersicht nennt alle Soldaten der Kriegsmarine, die mit dem Ritterkreuz des Eisernen Kreuzes ausgezeichnet worden sind. Hinter dem Namen und dem Dienstgrad zum Zeitpunkt der Verleihung angegeben ist die jeweilige Dienststellung des Inhabers, in der er sich die Auszeichnung verdient hat. Darüber hinaus angegeben sind die danach folgenden höheren Stufen des Ritterkreuzes; es bedeuten EL = Ritterkreuz mit Eichenlaub, ELS = Ritterkreuz mit dem Eichenlaub mit Schwertern, und ELSB = Ritterkreuz mit dem Eichenlaub mit Schwertern und Brillanten.

30. 9. 1939 Dr. h.c. Raeder, Erich, Großadmiral, Oberbefehlshaber der Kriegsmarine

18. 10. 1939 Prien, Günther, Kapitänleutnant, Uboot-Kommandant; 12. 10. 1940 EL (gefallen 7. 3. 1941)

1. 3. 1940 Schultze, Herbert, Kapitänleutnant, Uboot-Kommandant; 12. 6. 1941 EL

20. 4. 1940 Schniewind, Otto, Vizeadmiral, Chef des Stabes der Seekriegsleitung

21. 4. 1940 Dönitz, Karl, Konteradmiral, Befehlshaber der Uboote; 7. 4. 1943 EL

9. 5. 1940 Saalwächter, Alfred, Generaladmiral, Oberbefehlshaber des Marinegruppenkommandos West

9. 5. 1940 Bey, Erich, Kapitän zur See, Chef einer Zerstörerflottille (gefallen 26. 12. 1943)

9. 5. 1940 Hartmann, Werner, Korvettenkapitän, Uboot-Kommandant; 5. 11. 1944 EL

16. 5. 1940 Schuhart, Otto, Kapitänleutnant, Uboot-Kommandant

16. 5. 1940 Bartels, Hans, Kapitänleutnant, Mboot-Kommandant (tödlich verunglückt 31. 7. 1945)

16. 5. 1940 Opdenhoff, Hermann, Oberleutnant z.S., Sbootkommandant (gefallen 21. 3. 1945)

31. 5. 1940 Grundmann, Erich, Kapitänleutnant (Ing.), Flottillen-Ingenieur in einer Rboot-Flottille

31. 5. 1940 Godenau, Arthur, Stabsobersteuermann, Rboot-Kommandant

31. 5. 1940 Rixecker, Karl, Stabsobersteuermann, Rboot-Kommandant

14. 6. 1940 Carls, Rolf, Admiral, Oberbefehlshaber Marinegruppenkommando Ost (gefallen 15. 4. 1945)

14. 6. 1940 Lütjens, Günter, Vizeadmiral, Befehlshaber der Aufklärungsstreitkräfte (gefallen 27. 5. 1941)

14. 6. 1940 Schmundt, Hubert, Konteradmiral, Befehlshaber der Aufklärungsstreitkräfte und Führer der Kampfgruppe Bergen

17. 6. 1940 Birnbacher, Heinz, Kapitänleutnant, Chef einer Sboot-Flottille

31. 7. 1940 Rollmann, Wilhelm, Kapitänleutnant, Uboot-Kommandant (gefallen 6. 11. 1943)

4. 8. 1940 Berger, Fritz, Fregattenkapitän, Chef einer Zerstörer-Flottille

4. 8. 1940 Wolff, Max-Eckart, Korvettenkapitän, Zerstörer-Kommandant

4. 8. 1940 Petersen, Rudolf, Korvettenkapitän, Chef einer Sboot-Flottille; 14. 6. 1944 EL

4. 8. 1940 Kretschmer, Otto, Kapitänleutnant, Uboot-Kommandant; 4. 11. 1940 EL, 26. 12. 1941 ELS

14. 8. 1940 Liebe, Heinrich, Kapitänleutnant, Uboot-Kommandant; 10. 6. 1941 EL

14. 8. 1940 Lemp, Fritz-Julius, Kapitänleutnant, Uboot-Kommandant (gefallen 9. 5. 1941)

14. 8. 1940 Fimmen, Kurt, Oberleutnant z.S., Sboot-Kommandant

14. 8. 1940 Freiherr von Mirbach, Götz, Oberleutnant z.S., Sboot-Kommandant; 14. 6. 1944 EL

29. 8. 1940 Rösing, Hans, Korvettenkapitän, Chef einer Uboot-Flottille

29. 8. 1940 Frauenheim, Fritz, Kapitänleutnant, Uboot-Kommandant

5. 9. 1940 Endraß, Engelbert, Oberleutnant z.S., Uboot-Kommandant; 10. 6. 1941 EL (gefallen 21. 12. 1941)

19. 9. 1940 Kuhnke, Günter, Kapitänleutnant, Uboot-Kommandant

24. 9. 1940 Schepke, Joachim, Kapitänleutnant, Uboot-Kommandant; 20. 12. 1940 EL (gefallen 1. 12. 1940)

6. 10. 1940 Böhmer, Kurt, Kapitän z.S., Chef des Stabes der Sicherung der Nordsee (gefallen 1. 10. 1944)

6. 10. 1940 Thoma, Kurt, Korvettenkapitän, Chef einer Mboot-Flottille

6. 10. 1940 von Kamptz, Gerhard, Korvettenkapitän, Chef einer Rboot-Flottille; 14. 4. 1943 EL

7. 10. 1940 Jenisch, Hans, Oberleutnant z.S., Uboot-Kommandant

17. 10. 1940 Bonte, Friedrich, Kapitän z.S. und Kommodore, Führer der Zerstörer und der Kampfgruppe Narvik (gefallen 10. 4. 1940)

21. 10. 1940 Ruge, Friedrich, Kapitän z.S. und Kommodore, Führer der Minensuchboote West

21. 10. 1940 Oehrn, Victor, Kapitänleutnant, Uboot-Kommandant

21. 10. 1940 Suhren, Gerd, Oberleutnant (Ing.), Leitender Ingenieuroffizier eines Ubootes

24. 10. 1940 Bleichrodt, Heinrich, Kapitänleutnant, Uboot-Kommandant; 23. 9. 1942 EL

24. 10. 1940 Lüth, Wolfgang, Oberleutnant z.S., Uboot-Kommandant; 13. 11. 1942 EL, 15. 4. 1943 ELS, 9. 8. 1943 ELSB (tödlich verunglückt 14. 5. 1945)

31. 10. 1940 von Ruckteschell, Hellmuth, Korvettenkapitän d.Res., Hilfskreuzer-Kommandant; 22. 12. 1942 EL

3. 11. 1940 Erdmenger, Hans, Korvettenkapitän, Zerstörer-Kommandant (gefallen 28. 12. 1943)

3. 11. 1940 Suhren, Reinhard, Oberleutnant z.S., 1. Wachoffizier auf Uboot; 31. 12. 1941 EL, 1. 9. 1942 ELS

5. 11. 1940 Petersen, Heinrich, Stabsobersteuermann, Wachoffizier auf Uboot

30. 11. 1940 Stohwasser, Hans, Konteradmiral, Befehlshaber der Sicherung der Ostsee

7. 12. 1940 Rogge, Bernhard, Kapitän z.S., Hilfskreuzer-Kommandant; 31. 12. 1941 EL

11. 12. 1940 Schütze, Victor, Korvettenkapitän, Uboot-Kommandant; 14. 7. 1941 EL

18. 12. 1940 Kaden, Wolfgang, Kapitänleutnant d.Res., Kommandant eines Ujägers (gefallen 9. 7. 1942)

22. 12. 1940 Kähler, Otto, Kapitän z.S., Hilfskreuzer-Kommandant; 15. 9. 1944 EL

22. 12. 1940 Krüder, Ernst-Felix, Kapitän z.S., Hilfskreuzer-Kommandant; EL 15. 11. 1941 (gefallen 8. 5. 1941)

14. 1. 1941 von Stockhausen, Hans-Gerrit, Korvettenkapitän, Uboot-Kommandant (gefallen 15. 1. 1943)

18. 1. 1941 Kummetz, Oskar, Konteradmiral, Führer der Kampfgruppe Oslo

18. 1. 1941 Thiele, August, Kapitän z.S., Kommandant des Schweren Kreuzers LÜTZOW; 8. 4. 1945 EL

18. 1. 1941 Heye, Hellmuth, Kapitän z.S., Kommandant des Schweren Kreuzers ADMIRAL HIPPER

21. 2. 1941 Krancke, Theodor, Kapitän z.S., Kommandant des Schweren Kreuzers ADMIRAL SCHEER; 18. 10. 1944 EL

25. 2. 1941 Töniges, Werner, Oberleutnant z.S., Sboot-Kommandant; 13. 11. 1942 EL

26. 2. 1941 Meisel, Wilhelm, Kapitän z.S., Kommandant des Schweren Kreuzers ADMIRAL HIPPER

26. 2. 1941 Moehle, Karl-Heinz, Kapitänleutnant, Uboot-Kommandant

26. 2. 1941 Lehmann-Willenbrock, Heinrich, Kapitänleutnant, Uboot-Kommandant; 31. 12. 1941 EL

12. 3. 1941 Bütow, Hans, Kapitän z.S., Führer der Torpedoboote

12. 3. 1941 Klug, Bernd-Georg, Kapitänleutnant, Sboot-Kommandant; 1. 1. 1944 EL

26. 3. 1941 Oesten, Jürgen, Kapitänleutnant, Uboot-Kommandant

4. 4. 1941 Schulz, Wilhelm, Kapitänleutnant, Uboot-Kommandant

23. 4. 1941 Zürn, Erich, Oberleutnant (Ing.), Leitender Ingenieuroffizier auf Uboot

25. 4. 1941 Feldt, Klaus, Oberleutnant z.S., Sboot-Kommandant; 1. 1. 1944 EL

8. 5. 1941 Christiansen, Georg, Oberleutnant. z.S., Sboot-Kommandant; 13. 11. 1943 EL

14. 5. 1941 Kuppisch, Herbert, Kapitänleutnant, Uboot-Kommandant (gefallen 27. 8. 1943)

15. 5. 1941 Wohlfahrt, Herbert, Kapitänleutnant, Uboot-Kommandant

23. 5. 1941 Schewe, Georg, Kapitänleutnant, Uboot-Kommandant

25. 5. 1941 Wolfram, Eberhard, Konteradmiral, Befehlshaber der Sicherung der Nordsee

27. 5. 1941 Schneider, Adalbert, Korvettenkapitän, 1. Artillerieoffizier auf Schlachtschiff BISMARCK (gefallen 27. 5. 1941)

29. 5. 1941 Korth, Klaus, Kapitänleutnant, Uboot-Kommandant

20. 6. 1941 Topp, Erich, Oberleutnant z.S., Uboot-Kommandant; 11. 4. 1942 EL, 17. 8. 1942 ELS

24. 6. 1941 Hessler, Günter, Kapitänleutnant, Uboot-Kommandant

28. 7. 1941 Forstmann, Gustav, Korvettenkapitän, Chef einer Rboot-Flottille

28. 7. 1941 Metzler, Jost, Kapitänleutnant, Uboot-Kommandant

3. 8. 1941 Breithaupt, Fritz, Korvettenkapitän d.Res., Chef einer Mboot-Flottille; 10. 2. 1944 EL (gefallen 25. 12. 1944)

3. 8. 1941 Palmgren, Karl, Korvettenkapitän d.Res., Kommandant von Sperrbrechern; 11. 7. 1944 EL

3. 8. 1941 Wuppermann, Siegfried, Oberleutnant z.S., Sboot-Kommandant; 14. 4. 1943 EL

21. 8. 1941 Weyher, Kurt, Fregattenkapitän, Hilfskreuzer-Kommandant

30. 8. 1941 Schnee, Adalbert, Kapitänleutnant, Uboot-Kommandant; 15. 7. 1942 EL

4. 9. 1941 Dobberstein, Werner, Kapitänleutnant, Chef einer Rboot-Flottille

8. 10. 1941 Porath, Rudolf, Leutnant z.S. d.Res., Kommandant eines Vorpostenbootes

15. 11. 1941 Weniger, Karl, Kapitän z.S., Führer einer Sicherungsdivision (gefallen 1. 10. 1941)

17. 11. 1941	Mützelburg, Rolf, Kapitänleutnant, Uboot-Kommandant; 15. 7. 1942 EL (gefallen 11. 9. 1942)
18. 11. 1941	Mengersen, Ernst, Kapitänleutnant, Uboot-Kommandant
29. 11. 1941	Eyssen, Robert, Konteradmiral, Kommandant eines Hilfskreuzers
4. 12. 1941	Detmers, Theodor, Fregattenkapitän, Kommandant eines Hilfskreuzers
10. 12. 1941	Guggenberger, Friedrich, Kapitänleutnant, Uboot-Kommandant; 8. 1. 1943 EL
26. 12. 1941	Scholtz, Klaus, Korvettenkapitän, Uboot-Kommandant; 10. 9. 1942 EL
26. 12. 1941	Bigalk, Gerhard, Kapitänleutnant, Uboot-Kommandant (gefallen 18. 7. 1942)
27. 12. 1941	Lindemann, Ernst, Kapitän z.S., Kommandant des Schlachtschiffes BISMARCK (gefallen 27. 5. 1941)
27. 12. 1941	Dr. Brill, Karl-Friedrich, Korvettenkapitän d.Res., Kommandant eines Minenschiffes und Führer einer Minenschiff-Gruppe; 18. 11. 1943 EL (gefallen 22. 10. 1943)
27. 12. 1941	Goetzke, Axel, Leutnant z.S. d.Res., Rboot-Kommandant (gefallen 14. 9. 1941)
31. 12. 1941	Rehm, Hans, Korvettenkapitän, Chef einer Mboot-Flottille
31. 12. 1941	Kentrat, Eitel-Friedrich, Kapitänleutnant, Uboot-Kommandant
31. 12. 1941	Gysae, Robert, Kapitänleutnant, Uboot-Kommandant; 31. 5. 1943 EL
4. 1. 1942	Bätge, Niels, Kapitänleutnant, Chef einer Sboot-Flottille (gefallen 12. 12. 1944)
23. 1. 1942	Hardegen, Reinhard, Kapitänleutnant, Uboot-Kommandant; 23. 4. 1942 EL
27. 1. 1942	Freiherr von Tiesenhausen, Hans-Diedrich, Kapitänleutnant, Uboot-Kommandant
13. 3. 1942	Clausen, Nicolai, Kapitänleutnant, Uboot-Kommandant (gefallen 15. 5. 1943)
16. 3. 1942	Bauer, Ernst, Kapitänleutnant, Uboot-Kommandant
21. 3. 1942	Ciliax, Otto, Vizeadmiral, Befehlshaber der Schlachtschiffe
21. 3. 1942	Hoffmann, Kurt Cäsar, Kapitän z.S., Kommandant des Schlachtschiffes SCHARNHORST
27. 3. 1942	Mohr, Johann, Kapitänleutnant, Uboot-Kommandant; 13. 1. 1943 EL (gefallen 3. 4. 1943)
28. 3. 1942	Ites, Otto, Oberleutnant z.S., Uboot-Kommandant
23. 4. 1942	Zapp, Robert-Richard, Korvettenkapitän, Uboot-Kommandant
5. 6. 1942	Cremer, Erich, Kapitänleutnant, Uboot-Kommandant
13. 6. 1942	Merten, Karl-Friedrich, Korvettenkapitän, Uboot-Kommandant; 16. 11. 1942 EL
14. 6. 1942	Brökelmann, Jost, Korvettenkapitän, Chef einer Rboot-Flottille
19. 6. 1942	Kraus, Hans Werner, Kapitänleutnant, Uboot-Kommandant
28. 6. 1942	Rostin, Erwin, Kapitänleutnant, Uboot-Kommandant (gefallen 1. 7. 1942)
9. 7. 1942	Schultze, Heinz-Otto, Kapitänleutnant, Uboot-Kommandant (gefallen 25. 11. 1943)
23. 7. 1942	Kemnade, Friedrich, Kapitänleutnant, Chef einer Sboot-Flottille; 27. 5. 1943 EL
3. 8. 1942	Bergelt, Karl, Korvettenkapitän, Chef einer Mboot-Flottille
10. 8. 1942	Lassen, Georg, Oberleutnant z.S., Uboot-Kommandant; 7. 3. 1943 EL
12. 8. 1942	Rosenbaum, Helmut, Kapitänleutnant, Uboot-Kommandant (gefallen 10. 5. 1944)
13. 8. 1942	Piening, Adolf, Kapitänleutnant, Uboot-Kommandant
19. 8. 1942	Schonder, Heinrich, Kapitänleutnant, Uboot-Kommandant (gefallen 28. 6. 1943)
24. 8. 1942	Thurmann, Karl, Korvettenkapitän, Uboot-Kommandant (gefallen 28. 11. 1943)
1. 9. 1942	Kals, Ernst, Korvettenkapitän, Uboot-Kommandant
17. 9. 1942	Hartenstein, Werner, Korvettenkapitän, Uboot-Kommandant (gefallen 12. 3. 1943)
17. 9. 1942	Krech, Günther, Kapitänleutnant, Uboot-Kommandant
1. 10. 1942	Fricke, Kurt, Admiral, Chef des Stabes der Seekriegsleitung (gefallen 2. 5. 1945)
13. 10. 1942	Bögel, Hermann, Leutnant z.S. d.Res., Mboot-Kommandant
20. 10. 1942	von Bülow, Otto, Kapitänleutnant, Uboot-Kommandant; 26. 4. 1943 EL
22. 10. 1942	Witte, Helmut, Kapitänleutnant, Uboot-Kommandant
27. 10. 1942	Strelow, Siegfried, Kapitänleutnant, Uboot-Kommandant (gefallen 15. 7. 1943)
6. 11. 1942	Poske, Fritz, Korvettenkapitän, Uboot-Kommandant
27. 11. 1942	Emmermann, Carl, Kapitänleutnant, Uboot-Kommandant; 4. 7. 1943 EL
27. 11. 1942	Müller-Stöckheim, Günter, Kapitänleutnant, Uboot-Kommandant (gefallen 16. 7. 1943)
2. 12. 1942	Dommes, Wilhelm, Kapitänleutnant, Uboot-Kommandant
3. 12. 1942	Holst, Waldemar, Korvettenkapitän, Chef einer Rboot-Flottille

3. 12. 1942	Wunderlich, Friedrich, Korvettenkapitän z.V., Chef einer Ujagd-Flottille
7. 12. 1942	Johannesson, Rolf, Kapitän z.S., Zerstörer-Kommandant
17. 12. 1942	Witt, Hans, Kapitänleutnant, Uboot-Kommandant
17. 12. 1942	Henke, Werner, Oberleutnant z.S., Uboot-Kommandant; 4. 7. 1943 EL (gefallen 15. 6. 1944)
29. 12. 1942	Rasch, Hermann, Kapitänleutnant, Uboot-Kommandant
31. 12. 1942	Gumprich, Günther, Kapitän z.S., Hilfskreuzer-Kommandant (gefallen 17. 10. 1943)
9. 1. 1943	Schacht, Harro, Korvettenkapitän, Uboot-Kommandant (gefallen 14. 1. 1943)
16. 1. 1943	Achilles, Albrecht, Kapitänleutnant, Uboot-Kommandant (gefallen 27. 9. 1943)
16. 1. 1943	Schneider, Herbert, Kapitänleutnant, Uboot-Kommandant (gefallen 24. 2. 1943)
21. 1. 1943	Bramesfeld, Heinrich, Kapitän z.S., Führer einer Sicherungsdivision
21. 1. 1943	Heyse, Ulrich, Kapitänleutnant, Uboot-Kommandant
21. 1. 1943	Brandi, Albrecht, Kapitänleutnant, Uboot-Kommandant; 11. 4. 1943 EL, 9. 5. 1944 ELS, 24. 11. 1944 ELSB
9. 2. 1943	Freiherr von Forstner, Siegfried, Kapitänleutnant, Uboot-Kommandant (gefallen 22. 10. 1943)
10. 2. 1943	Bielig, Gerhard, Kapitänleutnant (Ing.), Leitender Ingenieuroffizier auf Uboot
17. 2. 1943	Jörß, Karl, Bootsmannsmaat, Flakleiter auf Transporter
14. 3. 1943	Würdemann, Erich, Kapitänleutnant, Uboot-Kommandant (gefallen 14. 7. 1943)
17. 3. 1943	Reche, Reinhart, Kapitänleutnant, Uboot-Kommandant
24. 3. 1943	Trojer, Hanns-Hartwig, Oberleutnant z.S., Uboot-Kommandant (gefallen 2. 10. 1943)
26. 3. 1943	Gelhaus, Harald, Kapitänleutnant, Uboot-Kommandant
27. 3. 1943	Neitzel, Karl, Karovettenkapitän, Uboot-Kommandant
27. 3. 1943	Seibicke, Günter, Kapitänleutnant, Uboot-Kommandant ge-(fallen 3. 6. 1943)
27. 3. 1943	Folkers, Ulrich, Kapitänleutnant, Uboot-Kommandant (gefallen 6. 5. 1943)
11. 4. 1943	Mecke, Karl-Konrad, Kapitän z.S., Kommandeur eines Marine-Flak-Regimentes
12. 4. 1943	Heidtmann, Hans, Kapitänleutnant, Uboot-Kommandant
16. 4. 1943	Möhlmann, Helmut, Kapitänleutnant, Uboot-Kommandant
22. 4. 1943	Büchting, Hermann, Kapitänleutnant, Sboot-Kommandant
30. 4. 1943	Jahn, Gunter, Kapitänleutnant, Uboot-Kommandant
30. 4. 1943	Bargsten, Klaus, Kapitänleutnant, Uboot-Kommandant
30. 4. 1943	Franken, Wilhelm, Kapitänleutnant, Uboot-Kommandant (gefallen 13. 1. 1945)
3. 5. 1943	Fischer, Karl-Heinz, Steuermannsmaat, Steuermann in einer Vorposten-Flottille
3. 5. 1943	Flügel, Otto, Steuermannsmaat, Steuermann in einer Vorposten-Flottille
8. 5. 1943	Rechel, Kurt, Fregattenkapitän, Zerstörer-Kommandant
8. 5. 1943	Dr. Fischer, Walther, Korvettenkapitän d.Res., Chef einer Vorposten-Flottille
19. 5. 1943	Pollmann, Otto, Leutnant z.S. d.Res., Kommandant eines Ujägers; 25. 4. 1944 EL
15. 6. 1943	Schulze-Hinrichs, Alfred, Kapitän z.S., Chef einer Zerstörer-Flottille
15. 6. 1943	Smidt, Karl, Kapitän z.S., Zerstörer-Kommandant
15. 6. 1943	Saltzwedel, Martin, Korvettenkapitän, Zerstörer-Kommandant
3. 7. 1943	Maurer, Otto, Korvettenkapitän, Chef einer Rboot-Flottille
3. 7. 1943	Heydemann, Günther, Kapitänleutnant, Uboot-Kommandant
5. 7. 1943	Weber, Horst, Oberleutnant z.S., Sboot-Kommandant
8. 7. 1943	Markworth, Friedrich, Kapitänleutnant, Uboot-Kommandant
8. 7. 1943	Müller, Karl, Kapitänleutnant, Sboot-Kommandant
14. 7. 1943	Staats, Georg, Kapitänleutnant, Uboot-Kommandant (gefallen 12. 11. 1943)
12. 8. 1943	Karcher, Karl-Ehrhart, Oberleutnant z.S., Sboot-Kommandant
18. 8. 1943	Kelbling, Gerd, Kapitänleutnant, Uboot-Kommandant (gefallen 13. 12. 1943)
19. 8. 1943	von Schrader, Otto, Admiral, Kommandierender Admiral norwegische Westküste (Freitod 19. 7. 1945)
3. 9. 1943	Freiherr von Liebenstein, Gustav, Fregattenkapitän d.Res., Chef einer Landungsdivision und Seetransportchef Messina-Straße
4. 9. 1943	Panknin, Herbert, Kapitänleutnant (Ing.), Leitender Ingenieuroffizier auf Uboot
4. 9. 1943	Lechtenbörger, Willi, Oberleutnant (Ing.), Leitender Ingenieuroffizier auf Uboot (gefallen 27. 8. 1943)
4. 9. 1943	Krey, Heinz, Leutnant (Ing.), Leitender Ingenieuroffizier auf Uboot (gefallen 23. 5. 1943)
21. 9. 1943	Maus, August, Kapitänleutnant, Uboot-Kommandant
20. 10. 1943	Schöneboom, Dietrich, Oberleutnant z.S., Uboot-Kommandant (gefallen 23. 10. 1943)

27. 10. 1943 Landfermann, Carl-August, Oberleutnant (Ing.), Leitender Ingenieuroffizier auf Uboot

29. 10. 1943 Kohlauf, Franz, Korvettenkapitän, Chef einer Torpedoboot-Flottille (gefallen 26. 4. 1944)

14. 11. 1943 Rohweder, Hellmuth, Kapitänleutnant (Ing.), Leitender Ingenieuroffizier auf Uboot

19. 11. 1943 Freiherr von Schlippenbach, Egon-Reiner, Kapitänleutnant, Uboot-Kommandant

20. 11. 1943 Kieseritzky, Gustav, Vizeadmiral, Kommandierender Admiral Schwarzes Meer (gefallen 19. 11. 1943)

26. 11. 1943 Fenski, Horst-Arno, Oberleutnant z.S., Uboot-Kommandant

30. 11. 1943 Franke, Heinz, Kapitänleutnant, Uboot-Kommandant

12. 12. 1943 Künzel, Karl-Friedrich, Oberleutnant z.S., Sboot-Kommandant und -Gruppenführer

13. 12. 1943 Müller, Albert, Kapitänleutnant, Sboot-Kommandant

19. 12. 1943 Teichert, Max-Martin, Kapitänleutnant, Uboot-Kommandant (gefallen 12. 5. 1943)

22. 12. 1943 Klassmann, Helmut, Kapitänleutnant, Chef einer Rboot-Flottille

22. 12. 1943 Schmidt, Klaus-Degenhard, Oberleutnant z.S., Sboot-Kommandant (gefallen 22. 12. 1944)

23. 12. 1943 Dr. Brandt, Günther, Korvettenkapitän d.Res., Chef einer Ujagd-Flottille

6. 1. 1944 Hellmann, Paul, Handelsschiffkapitän, Kapitän eines Sperrbrechers

27. 1. 1944 Koitschka, Siegfried, Oberleutnant z.S., Uboot-Kommandant

3. 2. 1944 Hellriegel, Hans-Jürgen, Kapitänleutnant, Uboot-Kommandant (gefallen 2. 7. 1944)

11. 2. 1944 Lüdden, Siegfried, Kapitänleutnant, Uboot-Kommandant (gefallen 13. 1. 1945)

9. 3. 1944 Wessels, Johann-Friedrich, Kapitänleutnant (Ing.), Leitender Ingenieuroffizier auf Uboot

21. 3. 1944 Poel, Gustav, Kapitänleutnant, Uboot-Kommandant

28. 3. 1944 Mehl, Waldemar, Kapitänleutnant, Uboot-Kommandant

31. 3. 1944 Eick, Alfred, Oberleutnant z.S., Uboot-Kommandant

23. 4. 1944 Olschewski, Georg, Oberleutnant (Ing.), Leitender Ingenieuroffizier auf Uboot

24. 4. 1944 Wulff, Erich, Oberleutnant z.S., Kommandant eines Vorpostenbootes

14. 5. 1944 Hölzerkopf, Arnulf, Korvettenkapitän, Chef einer Mboot-Flottille (gefallen 11. 8. 1944)

15. 5. 1944 Meendsen-Bohlken, Wilhelm, Konteradmiral, Befehlshaber des Deutschen Marinekommandos Italien

15. 5. 1944 Kaeding, Walter, Obersteuermann und Wachoffizier auf Uboot

17. 5. 1944 Brinkmann, Helmuth, Vizeadmiral, Kommandierender Admiral Schwarzes Meer

17. 5. 1944 Schulz, Otto, Konteradmiral, Seekommandant Krim

20. 5. 1944 Hofmann, Horst, Obersteuermann und Wachoffizier auf Uboot

22. 5. 1944 Wiebe, Karl-Heinz, Kapitänleutnant (Ing.), Leitender Ingenieuroffizier auf Uboot

1. 6. 1944 von Schroeter, Horst, Oberleutnant z.S., Uboot-Kommandant

7. 6. 1944 Hoffmann, Heinrich, Korvettenkapitän, Chef einer Torpedoboot-Flottille; 11. 7. 1944 EL

9. 6. 1944 Oesterlin, Albert, Korvettenkapitän d.Res., Chef einer Küstenschutz-Flottille (gefallen 22. 1. 1944)

10. 6. 1944 Dr. Rall, Viktor, Korvettenkapitän d.Res., Chef einer Vorposten-Flottille

14. 6. 1944 Johannsen, Kurt, Kapitänleutnant, Chef einer Sboot-Flottille (gefallen 14. 6. 1944)

14. 6. 1944 Ohmsen, Walter, Oberleutnant M.A., Chef einer Marinebatterie

24. 6. 1944 von Gartzen, Wirich, Korvettenkapitän, Chef einer Torpedoboot-Flottille

24. 6. 1944 Loewer, Kurt, Korvettenkapitän d.Res., Chef einer Vorposten-Flottille

26. 6. 1944 Hennecke, Walter, Konteradmiral, Seekommandant Normandie

26. 6. 1944 Gelbhaar, Rudi, Oberleutnant M.A. d.Res., Chef einer Marinebatterie

29. 6. 1944 Martienssen, Ekkehard, Oberleutnant z.S. d.Res., Kommandant eines Vorpostenbootes

3. 7. 1944 Freiherr von Mauchenheim gen. Bechtolsheim, Theodor, Kapitän z.S., Chef einer Zerstörerflottille

3. 7. 1944 Anhalt, Wilhelm, Kapitänleutnant, Chef einer Rboot-Flottille

3. 7. 1944 von Haxthausen, Elmershaus, Kapitänleutnant, Chef einer Artillerieträger-Flottille

6. 7. 1944 Gerhold, Walter, Schreiberobergefreiter, Einmanntorpedo-Fahrer

8. 7. 1944 Krieg, Johann, Oberleutnant z.S., Chef einer Kleinkampf-Flottille

8. 7. 1944 König, Reinhard, Oberleutnant (Ing.), Leitender Ingenieuroffizier auf Uboot

8. 7. 1944	Sieder, Heinz, Oberleutnant z.S., Uboot-Kommandant (gefallen 26. 8. 1944)
11. 7. 1944	Nau, Herbert, Kapitänleutnant, Chef einer Rboot-Flottille (gefallen 22. 8. 1944)
18. 7. 1944	Fleige, Karl, Oberleutnant z.S., Uboot-Kommandant
22. 7. 1944	Marbach, Karl-Heinz, Oberleutnant z.S., Uboot-Kommandant
5. 8. 1944	Berrer, Herbert, Oberfernschreibmeister, Einzelkämpfer im K-Verband
11. 8. 1944	Stuckmann, Hermann, Oberleutnant z.S., Uboot-Kommandant (gefallen 23. 8. 1944)
12. 8. 1944	Pinkepank, Georg, Korvettenkapitän, Chef einer Rboot-Flottille
12. 8. 1944	Klünder, Erich, Korvettenkapitän, Chef einer Mboot-Flottille
12. 8. 1944	Muser, Alfred, Kapitänleutnant, Chef einer Rboot-Flottille
12. 8. 1944	Vetter, Alfred, Leutnant (V.), Gruppenführer in einer Kleinkampf-Flottille
12. 8. 1944	Dammeier, Heinrich, Stabsobermaschinist auf Uboot
18. 8. 1944	Endell, Werner, Kapitän z.S., Hafenkommandant
26. 8. 1944	Böhme, Friedrich, Kapitän z.S., Einsatzleiter der Kleinkampf- in Frankreich
26. 8. 1944	Lange, Hans-Günther, Kapitänleutnant, Uboot-Kommandant; 29. 4. 1945 EL
26. 8. 1944	Schulz, Karl, Oberleutnant z.S. d.Res., Kommandant eines Vorpostenbootes
5. 9. 1944	Jesse, Rudolf, Oberleutnant z.S. d.Res., Mboot-Kommandant
6. 9. 1944	Nordt, Otto, Kapitänleutnant, Chef einer Rboot-Flottille
7. 9. 1944	Blasberg, Kurt, Oberleutnant z.S., Gruppenführer in Mboot-Flottille
7. 9. 1944	Seuss, Richard, Oberleutnant M.A. d.Res., Chef einer Marinebatterie; 2. 9. 1944 EL
10. 9. 1944	Jungnickel, Edgar, Oberleutnant z.S. d.Res., Kommandant eines Ujägers
17. 9. 1944	Timm, Heinrich, Korvettenkapitän, Uboot-Kommandant
24. 9. 1944	Witt, Hermann, Kapitän z.S., Hafenkommandant
24. 9. 1944	Knuth, Hermann, Kapitän z.S., Führer einer Sicherungsdivision
24. 9. 1944	Lehmann, Paul, Korvettenkapitän d.Res., Chef einer Mboot-Flottille
29. 9. 1944	Burchardi, Theodor, Vizeadmiral, Kommandierender Admiral Ostland; 8. 4. 1945 EL
1. 10. 1944	Schaar, Gerd, Oberleutnant z.S., Uboot-Kommandant
3. 10. 1944	Schneider, Gerd-Dietrich, Oberleutnant z.S., Chef einer Artillerieträger-Flottille
5. 10. 1944	Tellgmann, Eugen, Oberleutnant z.S. d.Res., Kommandant eines Vorpostenbootes
6. 10. 1944	Hossfeld, Hans, Kapitänleutnant M.A., Kommandeur einer Marineartillerieabteilung; 25. 11. 1944 EL (gefallen 25. 11. 1944)
13. 10. 1944	Szyskowitz, Joachim, Kapitän z.S., Hafenkommandant (gefallen 4. 9. 1944)
18. 10. 1944	Förster, Hans-Joachim, Oberleutnant z.S., Uboot-Kommandant (gefallen 24. 2. 1945)
22. 10. 1944	Wünning, Joachim, Korvettenkapitän d.Res., Kommandant eines Minenschiffs (gefallen 22. 9. 1944)
28. 10. 1944	Lange, Werner, Vizeadmiral, Kommandierener Admiral Ägäis
30. 10. 1944	Meentzen, Wilhelm, Kapitänleutnant, Torpedoboot-Kommandant
30. 10. 1944	Brasack, Paul, Kapitänleutnant, Uboot-Kommandant
1. 11. 1944	Garbers, Heinrich, Leutnant z.S. d.Res., Führer von Sonderunternehmungen
3. 11. 1944	Bastian, Helmut, Kapitänleutnant, Führer einer Sprengboot-Flottille
5. 11. 1944	Thorwest, Friedrich-Wilhelm, Fregattenkapitän d.Res., Chef einer Geleitflottille (gefallen 1. 11. 1944)
5. 11. 1944	Schneider, Walter-Erich, Kapitänleutnant, Chef einer Mboot-Flottille
5. 11. 1944	Guhrke, Heinz, Oberleutnant z.S., Torpedoboot-Kommandant (gefallen 31. 10. 1944)
5. 11. 1944	Trautwein, Heinz, Oberleutnant z.S. d.Res., Kommandant eines Ujägers (gefallen 1. 11. 1944)
5. 11. 1944	Wenke, Klaus, Oberleutnant z.S. d.Res., Kommandant eines Ujägers (gefallen 1. 11. 1944)
8. 11. 1944	Werther, Helmuth, Oberleutnant z.S. d.Res., Gruppenführer in Küstenschutzflottille
25. 11. 1944	Haag, Heinz, Oberleutnant z.S., Sboot-Kommandant
27. 11. 1944	von Blanc, Adalbert, Fregattenkapitän, Führer einer Sicherungsdivision; 7. 5. 1945 EL
3. 12. 1944	Dr. Kieffer, Emil, Korvettenkapitän d.Res., Chef einer Mboot-Flottille
10. 12. 1944	Mühlbauer, Rudolf, Oberbootsmannsmaat, Brückenmaat auf Uboot
21. 12. 1944	Pulst, Günther, Oberleutnant z.S., Uboot-Kommandant

28. 12. 1944 Dominik, Hans, Fregattenkapitän, Chef einer Torpedoboot-Flottille
28. 12. 1944 Brauneis, Erich, Fregattenkapitän, Chef einer Landungs-Flottille
31. 12. 1944 Philipp, Hans-Otto, Korvettenkapitän d.Res., Chef eines Küstensicherungsverbandes
4. 1. 1945 Thomsen, Rolf, Kapitänleutnant, Uboot-Kommandant; 29. 4. 1945 EL
17. 1. 1945 Lucht, Ernst, Konteradmiral, Befehlshaber der Sicherung der Nordsee
21. 1. 1945 Hechler, Ernst, Korvettenkapitän, Uboot-Kommandant
23. 1. 1945 Dobratz, Kurt, Kapitän z.S., Uboot-Kommandant
6. 2. 1945 Limbach, Johann, Oberleutnant z.S., Wachoffizier auf Uboot
11. 2. 1945 Hess, Hans-Georg, Oberleutnant z.S., Uboot-Kommandant
4. 3. 1945 Paul, Friedrich-Karl, Korvettenkapitän, Chef einer Torpedoboot-Flottille
11. 3. 1945 Schirlitz, Ernst, Vizeadmiral, Festungskommandant
11. 3. 1945 Mohr, Carl-Friedrich, Kapitänleutnant, Chef einer Mboot-Flottille
21. 3. 1945 Karl, Otto, Oberleutnant z.S., Kommandant eines Artillerieleichters
23. 3. 1945 Westphalen, Otto, Oberleutnant z.S., Uboot-Kommandant
25. 3. 1945 Dr. Fenn, Paul, Kapitän z.S. M.A., Kommandeur eines Marine-Flakregimentes
25. 3. 1945 Maes, Friedrich, Kapitänleutnant M.A., Batteriechef in Marineflak-Abteilung (gefallen 19. 3. 1945)
31. 3. 1945 Lichtenberg, Philipp, Kapitänleutnant (Ing.), Leitender Ingenieuroffizier auf Uboot
31. 3. 1945 Johannsen, Hans, Oberleutnant (Ing.), Leitender Ingenieuroffizier auf Uboot
10. 4. 1945 Zymalkowski, Felix, Korvettenkapitän, Chef einer Sboot-Flottille
20. 4. 1945 Dr. Stamer, Heinz, Korvettenkapitän z.V., Chef einer Vorpostenflottille
20. 4. 1945 Heynsen, Rudolf, Korvettenkapitän d.Res., Chef einer Mboot-Flottille
20. 4. 1945 Sardemann, Hermann, Oberleutnant M.A. d.Res., Batteriechef in Marine-Flakregiment
20. 4. 1945 Witt, Heinrich, Oberleutnant M.A. d.Res., Batteriechef in Marine-Flakregiment
21. 1. 1945 Reinicke, Hans-Jürgen, Kapitän z.S., Kommandant des Schweren Kreuzers PRINZ EUGEN
21. 4. 1945 Praßdorf, Heinz, Obermaschinist auf Uboot
30. 4. 1945 Michahelles, Hans, Konteradmiral, Festungskommandant
2. 5. 1945 Matzen, Jens, Kapitänleutnant, Chef einer Sboot-Flottille
2. 5. 1945 Schroeteler, Heinrich, Kapitänleutnant, Uboot-Kommandant
9. 5. 1945 Hoff, Carl, Kapitänleutnant, Chef einer Rboot-Flottille
9. 5. 1945 Jäckel, Obersteuermann, Steuermann auf Uboot
10. 5. 1945 Weinlig, Werner, Kapitänleutnant, Torpedoboot-Kommandant
10. 5. 1945 Temming, Hans, Kapitänleutnant, Torpedoboot-Kommandant
11. 5. 1945 Lehmann, Hans, Oberleutnant z.S. d.Res., Uboot-Kommandant
28. 5. 1945 Merks, Hans-Joachim, Kapitänleutnant, Chef einer Rboot-Flottille
17. 6. 1945 Feller, Wolfgang, Oberleutnant z.S. d.Res., Gruppenführer in Mboot-Flottille

DEUTSCHE VERSENKUNGSERFOLGE GEGEN KRIEGSSCHIFFE 1939 – 1945

In der folgenden Übersicht sind die von deutscher Seite während des Zweiten Weltkrieges erzielten Versenkungserfolge gegen Kriegsschiffe zusammengefaßt. Diese beschränken sich auf die damaligen Haupt-Kampfschiffstypen, also Schlachtschiffe, Flugzeugträger, Kreuzer, Zerstörer und Uboote. Berücksichtigt sind dabei ausschließlich die durch gezielte Angriffe von Überwassereinheiten oder Ubooten zustandegekommenen Erfolge. Mit aufgenommen wurden der Vollständigkeit wegen auch die von der Luftwaffe erzielten Versenkungen. Nicht erfaßt sind durch Minentreffer und Havarien erfolgte Verluste. Die Übersicht ist typweise in chronologischer Folge erstellt.

Abkürzungen der Nationalitäten: AU = Australien, CA = Kanada, FR = Frankreich, GB = Großbritannien, IT = Italien, NL = Niederlande, NO = Norwegen, NS = Neuseeland, PL = Polen, SU = Sowjetunion, US = Vereinigte Staaten von Amerika

Abkürzungen für Luftwaffeneinheiten: K.G. = Kampfgeschwader, St.G. = Sturzkampfgeschwader, L.G. = Lehrgeschwader. Soweit Flugzeuge Versenkungserfolge erzielt haben, erfolgte dies stets durch Bombenwurf. Ausnahmen – z. B. Gleitbomben – sind vermerkt.

Schiffsname	Stapellauf-Jahr	Nationalität	Standard-Verdrängung (ts)	Verlustdatum – Verlustort – Verlustursache
1. Schlachtschiffe				
ROYAL OAK	1914	GB	29 150	14. 10. 1939 Scapa Flow durch U 47
HOOD	1918	GB	41 200	24. 5. 1941 Nordatlantik/Dänemarkstraße im Gefecht mit Schlachtschiff BISMARCK
BARHAM	1914	GB	31 100	25. 11. 1941 östliches Mittelmeer nahe Sollum durch U 331
ROMA	1940	IT	41 650	9. 9. 1943 Mittelmeer nahe Sardinien durch Flugzeuge des K.G. 100 (Gleitbomben)
2. Flugzeugträger				
COURAGEOUS	1916	GB	22 500	17. 9. 1939 Nordatlantik durch U 29
GLORIOUS	1916	GB	22 500	8. 6. 1940 Nordmeer durch Schlachtschiffe GNEISENAU und SCHARNHORST
ARK ROYAL	1937	GB	22 600	13. 11. 1941 westl. Mittelmeer nahe Gibraltar durch U 81
AUDACITY *)	1939	GB	11 000	22. 12. 1941 Nordatlantik durch U 751
EAGLE	1918	GB	22 600	11. 8. 1942 Mittelmeer südl. der Balearen durch U 73
AVENGER *)	1940	GB	8 200	15. 11. 1942 Mittelatlantik durch U 155
BLOCK ISLAND *)	1944	US	18 906	29. 5. 1944 Nordatlanktik durch U 549

*) = Geleitflugzeugträger

Sechs Wochen nach Kriegsbeginn traf die britische Marine ein schwerer Verlust: U 47 (Kommandant: Kapitänleutnant Prien) drang in die Bucht von Scapa Flow ein und versenkte in zwei Anläufen das britische Schlachtschiff ROYAL OAK. Von dessen Besatzung fanden 833 Mann den Tod; U 47 kehrte unbehelligt in die Heimat zurück. Diese Friedensaufnahme zeigt die ROYAL OAK in einem Stützpunkt der Home Fleet; ihre Bewaffnung bestand aus acht 38,1 cm-Geschützen in vier Zwillingstürmen.

Gegenüberliegende Seite: Der Schlachtkreuzer HOOD galt zu seiner Zeit als das größte Kriegsschiff der Welt, war aber nicht mehr das kampfstärkste. Auf die Meldung hin, daß das Schlachtschiff BISMARCK in See gegangen ist, verließ er am 21. Mai 1941 Scapa Flow; drei Tage später kam es zur Begegnung in der Dänemarkstraße. Nur fünf Minuten nach Gefechtsbeginn brach die HOOD tödlich getroffen in zwei Teile und versank. Von ihrer 1 416 Mann starken Besatzung überlebten nur drei.

Am 25. November 1941 erzielte U 331 (Kommandant: Oberleutnant z.S. von Tiesenhausen) auf dem im östlichen Mittelmeer operierenden Schlachtschiff BARHAM auf kurze Distanz drei Torpedotreffer. Explodierend und kenternd ging dieses in die Tiefe. 861 Mann der Besatzung fanden den Tod, nur 450 Mann konnten gerettet werden.

Nachdem Italien im September 1943 vor den westlichen Alliierten kapituliert hatte, lief die Masse der italienischen Flotte den Waffenstillstandsbedingungen gemäß aus ihren Häfen aus, um sich internieren zu lassen. Daraufhin wurden deutscherseits Flugzeuge des K.G. 30 zum Angriff auf die überlaufenden Einheiten angesetzt. Diese trafen mit neuartigen Gleitbomben mehrere Einheiten, darunter das erst 1942 fertiggestellte Schlachtschiff ROMA. Es erhielt zwei Voll- und einen Nahtreffer, wurde in zwei Teile gerissen und sank. 1 254 Besatzungsangehörige fanden dadurch den Tod.

Den ersten Erfolg gegen ein großes Kriegsschiff erzielte U 29 (Kommandant: Kapitänleutnant Schuhart) kurz nach Kriegsbeginn: Westlich von Irland versenkte es den Flugzeugträger COURAGEOUS. Bei diesem handelte es sich um einen früheren Schlachtkreuzer, der in den 20er Jahren zum Flugzeugträger umgebaut worden war. 514 Besatzungsangehörige fanden auf ihm den Tod.

Die GLORIOUS war ein Schwesterschiff der COURAGEOUS. Auch ihre Kriegslaufbahn wurde frühzeitig beendet: Im Juni 1940 sank sie unter den Salven der Schlachtschiffe SCHARNHORST und GNEISENAU vor Nordnorwegen. Von ihm gab es nur 43 Überlebende.

Die ARK ROYAL gehörte zu den modernen britischen Flugzeugträgern. Bis zu ihrem Untergang im November 1941 war sie an zahlreichen Operationen beteiligt, u. a. an der Jagd auf das Schlachtschiff BISMARCK. Die Bilder zeigen sie einmal kurz nach Indienststellung und zum anderen unmittelbar vor ihrem Untergang.

Der Flugzeugträger EAGLE war ebenfalls als Schlachtschiff auf Kiel gelegt worden und wurde in den 20er Jahren zum Flugzeugträger umgebaut. Er sank am 11. August 1942 im Mittelmeer, tödlich getroffen von einem Torpedo-Viererfächer (U 73, Kommandant: Kapitänleutnant Rosenbaum).

Der Hilfsflugzeugträger AUDACITY war deutscher "Abstammung". Bei ihm handelte es sich um das deutsche Frachtschiff HANNOVER, das 1940 von den Engländern als Prise aufgebracht worden war. Auf ihm konnten sechs Flugzeuge untergebracht werden. (Am 21. Dezember 1941 durch Torpedo U 751 versenkt: Kapitänleutnant Bigalk.)

Schiffsname	Stapel-lauf-Jahr	Natio-nalität	Standard-Verdrän-gung (ts)	Verlustdatum – Verlustort – Verlustursache

Abkürzungen der Nationalitäten: AU = Australien, CA = Kanada, FR = Frankreich, GB = Großbritannien, IT = Italien, NL = Niederlande, NO = Norwegen, NS = Neuseeland, PL = Polen, SU = Sowjetunion, US = Vereinigte Staaten von Amerika

Abkürzungen für Luftwaffeneinheiten: K.G. = Kampfgeschwader, St.G. = Sturzkampfgeschwader, L.G. = Lehrgeschwader. Soweit Flugzeuge Versenkungserfolge erzielt haben, erfolgte dies stets durch Bombenwurf. Ausnahmen – z. B. Gleitbomben – sind vermerkt.

3. Kreuzer

Schiffsname	Stapel-lauf-Jahr	Natio-nalität	Standard-Verdrän-gung (ts)	Verlustdatum – Verlustort – Verlustursache
CURLEW	1917	GB	4 190	26. 5. 1940 Norwegen nahe Skaanland durch Flugzeuge des K.G. 30
SOUTHAMPTON	1936	GB	9 100	11. 1. 1941 mittleres Mittelmeer durch Flugzeuge des St.G. 2
FIJI	1939	GB	8 525	22. 5. 1941 östl. Mittelmeer nahe Kreta durch Flugzeuge des L.G. 2
GLOUCESTER	1937	GB	9 100	22. 5. 1941 östl. Mittelmeer nahe Kreta durch Flugzeuge des L.G. 1
CALCUTTA	1918	GB	4 290	1. 6. 1941 östl. Mittelmeer nahe Alexandria durch Flugzeuge des L.G. 1
CHERVONA UKRAYNA	1915	SU	6 934	12. 11. 1941 Sewastopol durch Flugzeuge
SYDNEY	1934	AU	6 830	19. 11. 1941 Indischer Ozean westl. Australien im Gefecht mit Hilfskreuzer KORMORAN
DUNEDIN	1918	GB	4 850	24. 11. 1941 Südatlantik durch U 124
GALATEA	1934	GB	5 220	14. 12. 1941 östl. Mittelmeer vor Alexandria durch U 557
NAIAD	1939	GB	5 600	11. 3. 1942 östl. Mittelmeer nahe Kreta durch U 565
EDINBURGH	1938	GB	10 260	2. 5. 1942 Barentssee durch U 456 lahmgeschossen, von Zerstörern Z 24 und Z 25 versenkt
TRINIDAD	1940	GB	8 525	15. 5. 1942 Nordmeer durch Flugzeuge des K.G 30 schwer beschädigt, selbstversenkt
HERMIONE	1939	GB	5 600	16. 6. 1942 Mittelmeer südl. Kreta durch U 205
CHARYBDIS	1940	GB	5 600	23. 10. 1943 Westausgang Kanal im Gefecht mit Flottentorpedobooten T 23 und T 27
SPARTAN	1942	GB	5 950	29. 1. 1944 Mittelmeer vor Anzio durch Gleitbomben deutscher Flugzeuge
PENELOPE	1935	GB	5 270	18. 2. 1944 Mittelmeer vor Anzio durch U 410
DRAGON	1917	GB *)	4 850	8. 7. 1944 Normandieküste durch "Marder"-Kleinkampfmittel

*) Polnische Besatzung

Bei Ubootoperationen gegen die Konvois PQ. 15 und QP. 11 im Nordmeer wurde der britische Leichte Kreuzer EDINBURGH von U 456 (Kommandant: Kapitänleutnant Teichert) mit zwei Torpedos angeschossen, blieb aber schwimmfähig. Auf ihn angesetzte Zerstörer erzielten einen weiteren Torpedotreffer, der ihm den Rest gab: Der Kreuzer mußte am 2. Mai 1942 aufgegeben werden.

Ein ähnliches Schicksal widerfuhr dem Kreuzer TRINIDAD: Am 29. März 1942 war er von einem Zerstörertorpedo getroffen worden, konnte aber nach Murmansk eingebracht werden, wo eine behelfsmäßige Reparatur erfolgte. Mitte Mai 1942 lief er von dort aus, wurde frühzeitig von der deutschen Luftaufklärung erfaßt und wurde Ziel heftiger Luftangriffe. Dabei trug er so schwere Bombenschäden davon, daß er am 15. Mai 1942 aufgegeben werden mußte.

Am 19. November 1941 konnte der Kreuzer SYDNEY den westlich des australischen Kontinents operierenden deutschen Hilfskreuzer KORMORAN stellen. Keiner von ihnen überlebte, beide trugen so schwere Schäden davon, daß sie aufgegeben werden mußten.

Der Flakkreuzer SPARTAN war im Januar 1944 bei der amerikanischen Landung im Raum Anzio-Nettuno eingesetzt. Dort erhielt er am 29. Januar einen Gleitbombentreffer und ging verloren.

Kurz vor Kriegsbeginn erfolgte in England der Umbau älterer Kreuzer zu Flakkreuzern. Einer von diesen war die CURACOA, ein Schwesterschiff der am 26. Mai 1940 in Norwegen verlorengegangenen CURLEW.

Die NAIAD gehörte zu einer bei Kriegsbeginn noch im Bau befindlichen Serie starker Flakkreuzer und sank im März 1942 durch einen Ubboottorpedo.

Die GLOUCESTER, ein Leichter Kreuzer der ab 1936 gebauten SOUTHAMPTON-Klasse, sank im Mai 1941 bei den Operationen um Kreta durch Bombentreffer.

PENELOPE, einer der Mitte der 30er Jahre gebauten Leichten Kreuzer mit nur sechs 15,2 cm-Geschützen. Er ging am 18. Februar 1944 durch Torpedotreffer verloren.

Schiffsname	Stapel-lauf-Jahr	Natio-nalität	Standard-Verdrän-gung (ts)	Verlustdatum – Verlustort – Verlustursache

Abkürzungen der Nationalitäten: AU = Australien, CA = Kanada, FR = Frankreich, GB = Großbritannien, IT = Italien, NL = Niederlande, NO = Norwegen, NS = Neuseeland, PL = Polen, SU = Sowjetunion, US = Vereinigte Staaten von Amerika

Abkürzungen für Luftwaffeneinheiten: K.G. = Kampfgeschwader, St.G. = Sturzkampfgeschwader, L.G. = Lehrgeschwader. Soweit Flugzeuge Versenkungserfolge erzielt haben, erfolgte dies stets durch Bombenwurf. Ausnahmen – z. B. Gleitbomben – sind vermerkt.

4. Monitore

TERROR	1916	GB	7 200	22. 2. 1941 in Bengasi/Afrika durch Flugzeuge des St.G. 3 schwer beschädigt, beim Abschleppen gesunken

Monitor TERROR, erbaut während des Ersten Weltkrieges und bestimmt zur Beschießung militärischer Ziele an der von den Deutschen besetzten flandrischen Küste, hatte als Hauptbewaffnung zwei 38,1 cm-Geschütze. Im Zweiten Weltkrieg war er im Mittelmeerraum eingesetzt und ging dort am 24. Februar 1941 verloren.

Schiffsname	Stapel-lauf-Jahr	Natio-nalität	Standard-Verdrän-gung (ts)	Verlustdatum – Verlustort – Verlustursache

Abkürzungen der Nationalitäten: AU = Australien, CA = Kanada, FR = Frankreich, GB = Großbritannien, IT = Italien, NL = Niederlande, NO = Norwegen, NS = Neuseeland, PL = Polen, SU = Sowjetunion, US = Vereinigte Staaten von Amerika

Abkürzungen für Luftwaffeneinheiten: K.G. = Kampfgeschwader, St.G. = Sturzkampfgeschwader, L.G. = Lehrgeschwader. Soweit Flugzeuge Versenkungserfolge erzielt haben, erfolgte dies stets durch Bombenwurf. Ausnahmen – z. B. Gleitbomben – sind vermerkt.

5. Zerstörer

Schiffsname	Stapel-lauf-Jahr	Natio-nalität	Standard-Verdrän-gung (ts)	Verlustdatum – Verlustort – Verlustursache
WICHER	1928	PL	1 540	3. 9. 1939 Ostsee/Hela durch Flugzeuge
EXMOUTH	1934	GB	1 460	21. 1. 1940 Nordsee/Moray-Firth durch U 22
DARING	1932	GB	1 375	18. 2. 1940 Nordsee östl. Pentlant Firth durch U 23
GLOWWORM	1935	GB	1 355	8. 4. 1940 Nordsee westl. Drontheim im Gefecht mit Schwerem Kreuzer ADMIRAL HIPPER
GURKHA	1937	GB	1 870	9. 4. 1940 Nordsee westl. Stavanger durch Flugzeuge des K.G. 30
HARDY	1936	GB	1 505	10. 4. 1940 Narvik im Gefecht mit deutschen Zerstörern
HUNTER	1936	GB	1 340	10. 4. 1940 Narvik im Gefecht mit deutschen Zerstörern
AFRIDI	1937	GB	1 870	3. 5. 1940 Nordsee durch Flugzeuge des St.G. 1
BISON	1928	FR	2 436	3. 5. 1940 Nordsee durch Flugzeuge des St.G. 1
GROM	1936	PL	1 975	5. 5. 1940 Narvik durch Flugzeuge des K.G. 100
VAN GALEN	1928	NL	1 316	10. 5. 1940 Rotterdam durch Flugzeuge des K.G. 4
VALENTINE	1917	GB	1 090	15. 5. 1940 Scheldemündung durch Flugzeuge
WHITLEY	1918	GB	1 100	19. 5. 1940 Scheldemündung durch Flugzeuge
L'ADROIT	1927	FR	1 378	21. 5. 1940 Dünkirchen durch Flugzeuge
ORAGE	1924	FR	1 319	23. 5. 1940 westl. Boulogne durch Flugzeuge
JAGUAR	1923	FR	2 126	23. 5. 1940 Kanal durch Schnellboote S 21 und S 23

Schiffsname	Stapel-lauf-Jahr	Natio-nalität	Standard-Verdrän-gung (ts)	Verlustdatum – Verlustort – Verlustursache

Abkürzungen der Nationalitäten: AU = Australien, CA = Kanada, FR = Frankreich, GB = Großbritannien, IT = Italien, NL = Niederlande, NO = Norwegen, NS = Neuseeland, PL = Polen, SU = Sowjetunion, US = Vereinigte Staaten von Amerika

Abkürzungen für Luftwaffeneinheiten: K.G. = Kampfgeschwader, St.G. = Sturzkampfgeschwader, L.G. = Lehrgeschwader. Soweit Flugzeuge Versenkungserfolge erzielt haben, erfolgte dies stets durch Bombenwurf. Ausnahmen – z. B. Gleitbomben – sind vermerkt.

CHACAL	1924	FR	2 126	24. 5. 1940 nahe Boulogne durch Flugzeuge
WESSEX	1918	GB	1 100	24. 5. 1940 nahe Calais durch Flugzeuge
GRAFTON	1935	GB	1 335	29. 5. 1940 im Kanal durch U 62
GRENADE	1935	GB	1 335	29. 5. 1940 vor Dünkirchen durch Flugzeuge
WAKEFUL	1918	GB	1 100	29. 5. 1940 westl. Dünkirchen durch Schnellboot S 30
BOURRASQUE	1925	FR	1 319	30. 5. 1940 vor Nieuport durch Heeresartillerie
SIROCCO	1925	FR	1 319	31. 5. 1940 durch Schnellboote S 23 und S 26
FOUDROYANT	1929	FR	1 378	1. 6. 1940 vor Dünkirchen durch Flugzeuge
BASILISK	1930	GB	1 360	1. 6. 1940 westl. Dünkirchen durch Flugzeuge
HAVANT	1939	GB	1 400	1. 6. 1940 westl. Dünkirchen durch Flugzeuge
KEITH	1930	GB	1 400	1. 6. 1940 vor Dünkirchen durch Flugzeuge
ACASTA	1929	GB	1 350	8. 6. 1940 Nordmeer im Gefecht mit Schlachtschiffen
ARDENT	1929	GB	1 350	GNEISENAU und SCHARNHORST
WHIRLWIND	1917	GB	1 100	5. 7. 1940 Atlantik südwestl. Irland durch U 34
BRAZEN	1930	GB	1 360	20. 7. 1940 vor Dover durch Flugzeuge
CODRINGTON	1929	GB	1 540	27. 7. 1940 vor Dover durch Flugzeuge
WREN	1919	GB	1 120	27. 7. 1940 vor Suffolk durch Flugzeuge

Schiffsname	Stapel-lauf-Jahr	Natio-nalität	Standard-Verdrän-gung (ts)	Verlustdatum – Verlustort – Verlustursache

Abkürzungen der Nationalitäten: AU = Australien, CA = Kanada, FR = Frankreich, GB = Großbritannien, IT = Italien, NL = Niederlande, NO = Norwegen, NS = Neuseeland, PL = Polen, SU = Sowjetunion, US = Vereinigte Staaten von Amerika

Abkürzungen für Luftwaffeneinheiten: K.G. = Kampfgeschwader, St.G. = Sturzkampfgeschwader, L.G. = Lehrgeschwader. Soweit Flugzeuge Versenkungserfolge erzielt haben, erfolgte dies stets durch Bombenwurf. Ausnahmen – z. B. Gleitbomben – sind vermerkt.

DELIGHT	1932	GB	1 375	29. 7. 1940 im Kanal durch Flugzeuge
DAINTY	1932	GB	1 375	24. 2. 1941 östl. Mittelmeer vor Tobruk durch Flugzeuge des St.G. 3
EXMOOR	1940	GB	1 000	25. 2. 1941 Kanal vor Lowestoft durch Schnellboot S 30
PSARA	1932	GR	1 329	13. 4. 1941 vor Piräus durch Flugzeuge
HIDRA	1931	GR	1 329	22. 4. 1941 vor Piräus durch Flugzeuge
LEON	1911	GR	1 013	22. 4. 1941 vor Piräus durch Flugzeuge
DIAMOND	1932	GB	1 375	27. 4. 1941 nahe Peloponnes durch Flugzeuge
WRYNECK	1917	GB	1 100	27. 4. 1941 vor Piräus durch Flugzeuge
JUNO	1938	GB	1 690	21. 5. 1941 vor Kreta durch Flugzeuge
GREYHOUND	1935	GB	1 335	22. 5. 1941 östl. Mittelmeer nahe Kreta durch Flugzeuge
KASHMIR	1939	GB	1 690	23. 5. 1941 östl. Mittelmeer nahe Kreta durch Flugzeuge des St.G. 2
KELLY	1938	GB	1 690	23. 5. 1941 östl. Mittelmeer nahe Kreta durch Flugzeuge des St.G. 2
MASHONA	1937	GB	1 870	28. 5. 1941 Atlantik westl. Irland durch Flugzeuge des K.G. 77
IMPERIAL	1936	GB	1 370	29. 5. 1941 östl. Mittelmeer nahe Kreta durch Flugzeuge
HEREWARD	1936	GB	1 370	29. 4. 1941 östl. Mittelmeer nahe Kreta durch Flugzeuge des St.G. 2
WATERHEN	1918	AU	1 100	29. 6. 1941 östl. Mittelmeer vor Tobruk durch Flugzeuge
STREMITELNYY	1936	SU	1 660	20. 7. 1941 Eismeer nahe Polarnoye durch Flugzeuge des K.G. 30

Schiffsname	Stapel-lauf-Jahr	Natio-nalität	Standard-Verdrän-gung (ts)	Verlustdatum – Verlustort – Verlustursache

Abkürzungen der Nationalitäten: AU = Australien, CA = Kanada, FR = Frankreich, GB = Großbritannien, IT = Italien, NL = Niederlande, NO = Norwegen, NS = Neuseeland, PL = Polen, SU = Sowjetunion, US = Vereinigte Staaten von Amerika

Abkürzungen für Luftwaffeneinheiten: K.G. = Kampfgeschwader, St.G. = Sturzkampfgeschwader, L.G. = Lehrgeschwader. Soweit Flugzeuge Versenkungserfolge erzielt haben, erfolgte dies stets durch Bombenwurf. Ausnahmen – z. B. Gleitbomben – sind vermerkt.

KARL MARKS	1914	SU	1 354	8. 8. 1941 östl. Ostsee nahe Reval durch Flugzeuge
FRUNZE	1914	SU	1 300	21. 9. 1941 Schwarzes Meer nahe Halbinsel Tendre durch Flugzeuge
BATH	1918	NS	1 060	19. 8. 1941 Nordatlantik durch U 204
BROADWATER	1919	GB	1 190	18. 10. 1941 Nordatlantik durch U 101
COSSACK	1937	GB	1 870	23. 10. 1941 Mittelatlantik westl. Gibraltar durch U 563
REUBEN JAMES	1918	US	1 190	31. 10. 1941 Nordatlantik durch U 552
SOVERSHENNYY	1939	SU	1 686	12. 11. 1941 in Sewastopol durch Flugzeuge
STANLEY	1919	GB	1 190	19. 12. 1941 Mittelatlantik westl. Azoren durch U 574
GURKHA	1937	GB	1 870	17. 1. 1942 östl. Mittelmeer nördl. von Sidi Barani durch U 133
MATABELE	1937	GB	1 870	17. 1. 1942 Barentssee durch U 454
BELMONT	1919	GB	1 190	31. 1. 1942 Nordatlantik südöstl. Nova Scotia durch U 82
MAORI	1937	GB	1 870	12. 2. 1942 in Malta durch Flugzeuge
VORTIGERN	1917	GB	1 090	15. 3. 1942 Kanal vor Cromer durch Schnellboot S 104
JAGUAR	1938	GB	1 690	26. 3. 1942 östl. Mittelmeer vor Sidi Barani durch U 652
LEGION	1939	GB	1 920	26. 3. 1942 Mittelmeer nahe Malta durch Flugzeuge
LANCE	1940	GB	1 920	9. 4. 1942 Malta durch Flugzeuge
KINGSTON	1939	GB	1 690	11. 4. 1942 Malta durch Flugzeuge

Schiffsname	Stapel-lauf-Jahr	Natio-nalität	Standard-Verdrän-gung (ts)	Verlustdatum – Verlustort – Verlustursache

Abkürzungen der Nationalitäten: AU = Australien, CA = Kanada, FR = Frankreich, GB = Großbritannien, IT = Italien, NL = Niederlande, NO = Norwegen, NS = Neuseeland, PL = Polen, SU = Sowjetunion, US = Vereinigte Staaten von Amerika

Abkürzungen für Luftwaffeneinheiten: K.G. = Kampfgeschwader, St.G. = Sturzkampfgeschwader, L.G. = Lehrgeschwader. Soweit Flugzeuge Versenkungserfolge erzielt haben, erfolgte dies stets durch Bombenwurf. Ausnahmen – z. B. Gleitbomben – sind vermerkt.

JACKAL	1938	GB	1 690	11. 5. 1942 Mittelmeer südl. Kreta durch Flugzeuge des L.G. 1
KIPLING	1939	GB	1 690	11. 5. 1942 Mittelmeer südl. Kreta durch Flugzeuge des L.G. 1
LIVELY	1941	GB	1 920	11. 5. 1942 Mittelmeer südl. Kreta durch Flugzeuge des L.G. 1
SVOBODNYY	1939	SU	1 686	10. 6. 1942 Sewastopol durch Flugzeuge
HASTY	1936	GB	1 335	15. 6. 1942 Mittelmeer nördl. Derna durch Schnellboot S 55
NESTOR	1940	GB	1 690	15. 6. 1942 Mittelmeer nordwestl. Derna durch Flugzeuge des St.G. 3
WILD SWAN	1919	GB	1 120	17. 6. 1942 Nordatlantik südl. Irland durch Flugzeuge
BEZUPREZHNYY	1936	SU	1 660	26. 6. 1942 Schwarzes Meer vor Yalta durch Flugzeuge
TASHKENT	1937	SU	2 893	2. 7. 1942 Novorossiysk durch Flugzeuge
BDITELNYY	1936	SU	1 660	2. 7. 1942 Novorossiysk durch Flugzeuge
BERKELEY	1940	GB	1 000	19. 8. 1942 Kanal nahe Dieppe durch Flugzeuge
ZULU	1937	GB	1 870	14. 9. 1942 östl. Mittelmeer nahe Tobruk durch Flugzeuge
SIKH	1937	GB	1 870	14. 9. 1942 vor Tobruk durch Artillerie von Land
OTTAWA	1931	CA	1 375	14. 9. 1942 Nordatlantik durch U 91
SOMALI	1937	GB	1 870	20. 9. 1942 Eismeer durch U 703
VETERAN	1919	GB	1 120	26. 9. 1942 Nordatlantik durch U 404
MARTIN	1940	GB	1 920	10. 11. 1942 Mittelmeer nordöstl. Algier durch U 431

Schiffsname	Stapel-lauf-Jahr	Natio-nalität	Standard-Verdrän-gung (ts)	Verlustdatum – Verlustort – Verlustursache

Abkürzungen der Nationalitäten: AU = Australien, CA = Kanada, FR = Frankreich, GB = Großbritannien, IT = Italien, NL = Niederlande, NO = Norwegen, NS = Neuseeland, PL = Polen, SU = Sowjetunion, US = Vereinigte Staaten von Amerika

Abkürzungen für Luftwaffeneinheiten: K.G. = Kampfgeschwader, St.G. = Sturzkampfgeschwader, L.G. = Lehrgeschwader. Soweit Flugzeuge Versenkungserfolge erzielt haben, erfolgte dies stets durch Bombenwurf. Ausnahmen – z. B. Gleitbomben – sind vermerkt.

ISAAC SWEERS	1940	NL	1 628	13. 11. 1942 Mittelmeer nahe Algier durch U 431
PENYLAN	1942	GB	1 050	3. 12. 1942 Kanal durch Schnellboot S 115
PORCUPINE	1941	GB	1 540	9. 12. 1942 Mittelmeer nordöstl. Oran durch U 602
BLEAN	1942	GB	1 050	11. 12. 1942 Mittelmeer westl. Oran durch U 443
FIREDRAKE	1934	GB	1 360	16. 12. 1942 Nordatlantik durch U 211
PARTRIDGE	1941	GB	1 540	18. 12. 1942 Mittelmeer westl. Oran durch U 565
ACHATES	1929	GB	1 337	31. 12. 1942 Nordmeer im Gefecht mit Schwerem Kreuzer ADMIRAL HIPPER
HARVESTER	1939	GB	1 400	11. 3. 1943 Nordatlantik durch U 432
LIGHTING	1940	GB	1 920	12. 3. 1943 Mittelmeer nördl. Bizerta durch Schnellboote S 55 und S 158
BEVERLEY	1918	GB	1 190	11. 4. 1943 Nordatlantik durch U 188
ESKDALE	1942	GB	1 050	14. 4. 1943 Kanal nahe Lizard Head durch Schnellboote S 65 und S 112
MADDOX	1917	US	1 060	10. 7. 1943 Mittelmeer südl. Sizilien durch Flugzeuge
PUCKERIDGE	1941	GB	1 050	6. 9. 1943 Mittelmeer östl. Gibraltar durch U 617
ROWAN	1938	US	1 590	10. 9. 1943 Mittelmeer nahe Salerno durch Schnellboot
ST. CROIX	1919	CA	1 190	20. 9. 1943 Nordatlantik südl. Island durch U 305
INTREPID	1936	GB	1 370	26. 9. 1943 Mittelmeer nahe Leros durch Flugzeuge
VASILLISSA OLGA	1938	GR	1 414	26. 9. 1943 Mittelmeer nahe Leros durch Flugzeuge

Schiffsname	Stapel-lauf-Jahr	Natio-nalität	Standard-Verdrän-gung (ts)	Verlustdatum – Verlustort – Verlustursache

Abkürzungen der Nationalitäten: AU = Australien, CA = Kanada, FR = Frankreich, GB = Großbritannien, IT = Italien, NL = Niederlande, NO = Norwegen, NS = Neuseeland, PL = Polen, SU = Sowjetunion, US = Vereinigte Staaten von Amerika

Abkürzungen für Luftwaffeneinheiten: K.G. = Kampfgeschwader, St.G. = Sturzkampfgeschwader, L.G. = Lehrgeschwader. Soweit Flugzeuge Versenkungserfolge erzielt haben, erfolgte dies stets durch Bombenwurf. Ausnahmen – z. B. Gleitbomben – sind vermerkt.

EURO	1927	IT	1 092	1. 10. 1943 Mittelmeer nahe Leros durch Flugzeuge
KHARKOV	1936	SU	2 225	
BESPOSHADNYY	1937	SU	1 660	6. 10. 1943 Schwarzes Meer südl. der Krim durch Flugzeuge des St.G. 77
SPOSOBNYY	1939	SU	1 686	
ORKAN	1942	PL	1 920	8. 10. 1943 Nordatlantik durch U 378
PANTHER	1941	GB	1 550	9. 10. 1943 Mittelmeer nahe Scarpanta durch Flugzeuge
BUCK	1939	US	1 764	9. 10. 1943 Mittelmeer vor Salerno durch U 616
BRISTOL	1941	US	1 839	13. 10. 1943 Mittelmeer nahe Algerien durch U 371
LIMBOURNE	1942	GB	1 050	23. 10. 1943 Westausgang Kanal im Gefecht mit T 22
BORIE	1919	US	1 190	2. 11. 1943 Ostatlantik durch Rammstoß von U 405
BEATTY	1941	US	1 839	6. 11. 1943 Mittelmeer westl. Oran durch Flugzeuge des K.G. 26
DULVERTON	1941	GB	1 050	13. 11. 1943 östl. Mittelmeer/Ägäis durch Flugzeuge (Gleitbombentreffer)
HURRICANE	1939	GB	1 400	24. 12. 1943 Nordatlantik durch U 415
LEARY	1918	US	1 090	24. 12. 1943 Nordatlantik durch U 275 und U 382
JANUS	1938	GB	1 690	23. 1. 1944 Mittelmeer nahe Anzio durch Flugzeuge (Gleitbombentreffer)
HARDY (II)	1943	GB	1 710	30. 1. 1944 Nordmeer durch U 278
WARWICK	1917	GB	1 100	20. 2. 1944 Westausgang Kanal durch U 413

Schiffsname	Stapel-lauf-Jahr	Natio-nalität	Standard-Verdrän-gung (ts)	Verlustdatum – Verlustort – Verlustursache

Abkürzungen der Nationalitäten: AU = Australien, CA = Kanada, FR = Frankreich, GB = Großbritannien, IT = Italien, NL = Niederlande, NO = Norwegen, NS = Neuseeland, PL = Polen, SU = Sowjetunion, US = Vereinigte Staaten von Amerika

Abkürzungen für Luftwaffeneinheiten: K.G. = Kampfgeschwader, St.G. = Sturzkampfgeschwader, L.G. = Lehrgeschwader. Soweit Flugzeuge Versenkungserfolge erzielt haben, erfolgte dies stets durch Bombenwurf. Ausnahmen – z. B. Gleitbomben – sind vermerkt.

MAHRATTA	1942	GB	1 920	25. 2. 1944 Nordmeer durch U 956
INGLEFIELD	1936	GB	1 544	25. 2. 1944 Mittelmeer nahe Anzio durch Flugzeuge
LEOPOLD	1943	US	1 253	9. 3. 1944 Nordatlantik südl. Island durch U 255
LAFOREY	1941	GB	1 920	30. 3. 1944 Mittelmeer nahe Sizilien durch U 223
LANSDALE	1939	US	1 839	20. 4. 1944 Mittelmeer nördl. Algier durch Flugzeuge K.G. 26
ATHABASCAN	1941	CA	1 870	29. 4. 1944 Kanal nordöst. Quessant im Gefecht mit T 27, T 28 und T 29
FECHTELER	1943	US	1 432	5. 5. 1944 Mittelmeer durch U 967
SVENNER	1943	NO	1 710	6. 6. 1944 Kanal im Gefecht mit Torpedobooten MÖWE, T 28, FALKE und JAGUAR
MEREDITH (II)	1943	US	2 610	9. 6. 1944 Kanal/Normandieküste durch Flugzeuge
GLENNON	1942	US	1 839	10. 6. 1944 Kanal/Normandieküste durch Küstenartillerie
BOADICEA	1930	GB	1 360	13. 6. 1944 Kanal nahe Portland durch Flugzeuge (Gleitbombentreffer)
ISIS	1936	GB	1 370	20. 7. 1944 Kanal/Seine-Bucht durch Kleinkampfmittel ("Marder")
FISKE	1943	US	1 253	2. 8. 1944 Nordatlantik durch U 804
QUORN	1940	GB	1 000	3. 8. 1944 Kanal/Seine-Bucht durch Kleinkampfmittel ("Marder")
DEYATELNYY	1918	SU	1 190	16. 1. 1945 Eismeer durch U 997
LA COMBATTANTE	1942	FR	1 050	23. 2. 1945 Nordsee durch Kleinst-Uboot ("Seehund")
FREDERIC C. DAVIS	1943	US	1 253	24. 4. 1945 Nordatlantik durch U 546

Die FURY, ein Schwesterschiff des im Dezember 1941 durch einen Uboottorpedo verlorengegangenen Zerstörers FIREDRAKE.

FORESIGHT, ein Schwesterschiff der FURY, hier im September 1941 im Mittelmeer mit dem Schlachtschiff BARHAM im Hintergrund.

Der Zerstörer GLOWWORM sank im April 1940 vor Norwegen im Gefecht mit einem weit überlegenen Gegner. Seine Besatzung leistete heroischen Widerstand bis zuletzt.

Gegenüberliegende Seite: Die COSSACK, ein Zerstörer der "Tribal"-Klasse, wurde im Februar 1940 durch ihr völkerrechtswidriges Eindringen in norwegische Hoheitsgewässer und ihren Raid gegen den deutschen Versorger ALTMARK bekannt. Ein Jahr später war sie an der Jagd auf das Schlachtschiff BISMARCK beteiligt, bald darauf fiel sie einem Ubootorpedo zum Opfer.

L03

Der britische Zerstörer LAFOREY war einer der neuesten und kampfstärksten der Royal Navy. Erstmalig auf britischen Zerstörern war hier die Hauptartillerie in geschlossenen Türmen untergebracht. Die LAFOREY ging im Frühjahr 1944 durch einen Ubboottorpedo verloren.

Die HAVANT gehörte zu einer kurz vor Kriegsausbruch von Brasilien in Auftrag gegebenen Zerstörerserie und wurde im September 1939 beschlagnahmt, um für die britische Marine fertiggestellt zu werden. Schon im Juni 1940 sank sie während des Dünkirchen-Desasters.

JACKAL war ein Zerstörer der I- und K-Klasse und erlag Bombentreffern.

BEDOUIN, ein Schwesterschiff des Zerstörers COSSACK, wurde im Juni 1942 das Opfer eines von einem italienischen Flugzeug geworfenen Lufttorpedos.

Trotz ihres hohen Alters – sie stammten noch aus dem Ersten Weltkrieg – hatten die amerikanischen Vierschornstein-Zerstörer einen hohen Anteil an der Schlacht im Atlantik und erlitten beträchtliche Verluste. England kaufte 1940 fünfzig dieser alten Zerstörer von den USA, um seine Zufuhrschiffahrt gegen die deutschen Uboote schützen zu können.

Schiffsname	Stapel-lauf-Jahr	Natio-nalität	Standard-Verdrän-gung (ts)	Verlustdatum – Verlustort – Verlustursache

Abkürzungen der Nationalitäten: AU = Australien, CA = Kanada, FR = Frankreich, GB = Großbritannien, IT = Italien, NL = Niederlande, NO = Norwegen, NS = Neuseeland, PL = Polen, SU = Sowjetunion, US = Vereinigte Staaten von Amerika

Abkürzungen für Luftwaffeneinheiten: K.G. = Kampfgeschwader, St.G. = Sturzkampfgeschwader, L.G. = Lehrgeschwader. Soweit Flugzeuge Versenkungserfolge erzielt haben, erfolgte dies stets durch Bombenwurf. Ausnahmen – z. B. Gleitbomben – sind vermerkt.

6. Uboote

SEAHORSE	1932	GB	640	7. 1. 1940 Nordsee/Deutsche Bucht durch Boote der 1. Minensuchflottille
UNDINE	1937	GB	540	7. 1. 1940 Nordsee/Deutsche Bucht durch Minensuchboote M 1201, M 1204 und M 1207
STARFISH	1933	GB	640	9. 1. 1940 Nordsee/Deutsche Bucht durch Minensuchboot M 7
THISTLE	1938	GB	1 090	10. 4. 1940 nördl. Nordsee durch U 4
TARPON	1939	GB	1 090	14. 4. 1940 vor südnorwegischer Küste durch Minensuchboot M 6
STERLET	1937	GB	670	18. 4. 1940 vor südnorwegischer Küste durch Ujäger UJ 125, UJ 126 und UJ 128
DORIS	1927	FR	615	9. 5. 1940 Nordsee/Doggerbank durch U 9
SHARK	1934	GB	670	6. 7. 1940 nördl. Nordsee durch Minensuchboote M 1803, M 1806 und M 1807
NARWHAL	1935	GB	1 520	30. 7. 1940 vor südnorwegischer Küste durch Flugzeuge
SPEARFISH	1936	GB	670	1. 8. 1940 Nordsee durch U 34
0 22	1940	NL	934	21. 11. 1940 Nordsee/Skagerrak durch Ujäger UJ 177 und UJ 1102
S 3	1936	SU	840	24. 6. 1941 östl. Ostsee nahe Steinort durch Torpedo von Schnellboot S 35
S 10	1940	SU	840	25. 6. 1941 östl. Ostsee/Irbenstraße durch Torpedos von Schnellbooten S 59 und S 60
M 94	1937	SU	205	21. 7. 1941 östl. Ostsee nahe Kap Ristna durch U 140
S 6	1937	SU	840	30. 8. 1941 Ostsee/Finnischer Meerbusen durch Flugzeuge
M 74	1935	SU	205	23. 9. 1941 Ostsee/Kronstadt durch Flugzeuge

Schiffsname	Stapel-lauf-Jahr	Natio-nalität	Standard-Verdrän-gung (ts)	Verlustdatum – Verlustort – Verlustursache

Abkürzungen der Nationalitäten: AU = Australien, CA = Kanada, FR = Frankreich, GB = Großbritannien, IT = Italien, NL = Niederlande, NO = Norwegen, NS = Neuseeland, PL = Polen, SU = Sowjetunion, US = Vereinigte Staaten von Amerika

Abkürzungen für Luftwaffeneinheiten: K.G. = Kampfgeschwader, St.G. = Sturzkampfgeschwader, L.G. = Lehrgeschwader. Soweit Flugzeuge Versenkungserfolge erzielt haben, erfolgte dies stets durch Bombenwurf. Ausnahmen – z. B. Gleitbomben – sind vermerkt.

Schiffsname	Stapel-lauf-Jahr	Natio-nalität	Standard-Verdrän-gung (ts)	Verlustdatum – Verlustort – Verlustursache
L 1	1931	SU	1 040	11. 1941 in Leningrad durch Artillerie von Land
D 6	1929	SU	930	12. 11. 1941 Schwarzes Meer/Sewastopol durch Flugzeuge
M 175	1937	SU	205	10. 1. 1942 Nordmeer nahe Nordkap durch U 584
ŠČ 210	1936	SU	586	13. 3. 1942 Schwarzes Meer/vor Krimküste durch Flugzeuge
P 39	1941	GB	540	26. 3. 1942 Mittelmeer/Malta durch Flugzeuge
PANDORA	1929	GB	1 475	1. 4. 1942 Mittelmeer/Malta durch Flugzeuge
P 36	1941	GB	540	1. 4. 1942 Mittelmeer/Malta durch Flugzeuge
ŠČ 401	1935	SU	578	24. 4. 1942 Nordmeer vor Tanafjord durch Ujäger UJ 1101 und UJ 1110
S 32	1939	SU	840	26. 6. 1942 Schwarzes Meer östl. Feodosiya durch Flugzeuge
M 173	1938	SU	205	24. 8. 1942 Nordmeer nahe Baasfjord durch Ujäger UJ 1101, U 1108 und UJ 1112
TRITON	1928	GR	750	16. 11. 1942 Mittelmeer/Ägäis durch Ujäger UJ 2102
ŠČ 212	1936	SU	578	17. 12. 1942 Schwarzes Meer nahe Sulina durch Ujäger XANTEN
K 3	1938	SU	1 480	21. 3. 1943 Nordmeer nahe Baasfjord durch Ujäger UJ 1102, UJ 1106 und UJ 1111
P 615	1940	GB	624	18. 4. 1943 Südatlantik vor Freetown durch U 123
SPLENDID	1942	GB	715	21. 4. 1943 Mittelmeer nahe Capri durch Zerstörer HERMES
ŠČ 408	1941	SU	590	26. 5. 1943 Ostsee/Finnischer Meerbusen durch 31. Minensuchflottille
ŠČ 406	1940	SU	590	1. 6. 1943 Ostsee nahe Steinskär durch 24. MFP-Flottille

Schiffsname	Stapel-lauf-Jahr	Natio-nalität	Standard-Verdrän-gung (ts)	Verlustdatum – Verlustort – Verlustursache

Abkürzungen der Nationalitäten: AU = Australien, CA = Kanada, FR = Frankreich, GB = Großbritannien, IT = Italien, NL = Niederlande, NO = Norwegen, NS = Neuseeland, PL = Polen, SU = Sowjetunion, US = Vereinigte Staaten von Amerika

Abkürzungen für Luftwaffeneinheiten: K.G. = Kampfgeschwader, St.G. = Sturzkampfgeschwader, L.G. = Lehrgeschwader. Soweit Flugzeuge Versenkungserfolge erzielt haben, erfolgte dies stets durch Bombenwurf. Ausnahmen – z. B. Gleitbomben – sind vermerkt.

Schiffsname	Stapel-lauf-Jahr	Natio-nalität	Standard-Verdrän-gung (ts)	Verlustdatum – Verlustort – Verlustursache
M 106	1941	SU	205	5. 7. 1943 Nordsee vor Nordkap durch Ujäger UJ 1206, UJ1212, UJ 1217
S 12	1940	SU	840	15. 8. 1943 Ostsee/Finnischer Meerbusen vor Keri durch Marinefährprähme und Hilfs-minensuchboote
S 9	1939	SU	840	5. 9. 1943 Ostsee/Finnischer Meerbusen vor Porkkala durch Ujäger
M 36	1938	SU	205	11. 9. 1943 Schwarzes Meer vor Sewastopol durch Ujäger
D 4	1929	SU	930	4. 12. 1943 Schwarzes Meer nahe Yevpatoriya durch Ujäger UJ 102, UJ 103
ŠČ 216	1940	SU	590	17. 12. 1944 Schwarzes Meer nahe Kap Tarchankut durch Ujäger UJ 106
L 6	1931	SU	1 040	18. 4. 1944 Schwarzes Meer nordöstl. Konstanza durch Ujäger UJ 103
S 4	1936	SU	840	6. 1. 1945 Ostsee/Danziger Bucht durch Flottentorpedoboot T 33

Das während des Krieges in Deutschland wohl am meisten bekanntgewordene britische Uboot war die SEAL. Im Mai 1940 hatte sie durch eine Minendetonation Schäden erlitten und konnte von deutschen Kräften aufgebracht und eingeschleppt werden.

ŠČ 407, ein Schwesterboot der im Krieg verlorengegangenen sowjetischen Uboote ŠČ-401 und ŠČ-406.

Ein Uboot der sowjetischen S-Klasse, von der im Krieg mehrere verlorengingen.

UNIFORMEN, DIENSTGRAD- UND LAUFBAHNABZEICHEN UND ABZEICHEN FÜR SONDERAUSBILDUNG

Dienstanzug mit großer Ordensschnalle (Oberleutnant (Ing.))

Dienstanzug (Obersteuermann)

Kleiner Dienstanzug für Marinebeamte (Marineintendanturinspektor)

Paradeanzug für Paraden an Land (Matrosengefreiter)

Dienstanzug vom 1. Oktober bis 19. April (Obermaschinenmaat)

Seeoffiziere

Ingenieuroffiziere (Ing.)

Artilleriewaffenoffiziere (W)

Sperrwaffenoffiziere (W)

Verwaltungsoffiziere (V)

Sanitätsoffiziere

Offiziere der Marineartillerie (MA)

Offiz. d. techn. Nachrichtenwesens (TN)

Torpedotechnische Offiziere (T)

Großer Gesellschaftsanzug (Generaladmiral)

Kleiner Dienstanzug (Vizeadmiral (Ing.))

Kleiner Gesellschafts-/Ausgehanzug (Admiralarzt)

Großer Gesellschaftsanzug für Beamte

Dienstanzug mit Achselband (K.z.S.)

Dienstanzug (Kapitänleutnant (MA))

Dienstanzug (Obermusikmeister)

Dienstanzug (Kapitän zur See (W)

Ausgehanzug (Fregattenkapitän (W) (Sperrwaffen)

Kleiner Dienstanzug (Korvettenkapitän (V))

Feldgrauer Dienstanzug der Marineartillerie

Dienstanzug – Marinejustizinspektor

Ausgehanzug (Leutnant (MN) der Reserve)

Feldgrauer Dienstanzug der Marineartillerie (Waffenmeister)

Von links nach rechts:

Dienstanzug (Oberfähnrich zur See)

Feldanzug der Marineartillerie (Hauptfeldwebel)

Dienstanzug (Obersteuermann)

Ausgehanzug (Maschinist)

Hinweis zu Seite 182:

Dienstgradabzeichen des Generaladmirals (ein handbreiter und vier mittelbreite Ärmelstreifen) nur als Oberbefehlshaber der Kriegsmarine, sonst – siehe Seite 184 – nur außer dem handbreiten nur drei mittelbreite Ärmelstreifen!

Von links nach rechts:

Dienstanzug (Fähnrich (Ing.))

Parade-Dienstanzug (Oberbootsmannsmaat) als Fahnenträger)

Dienstanzug (Signalmaat als Oberfeldwebelanwärter bei Flottenkommando)

Ausgehanzug (Matrosengefreiter)

Feldgrauer Exerzieranzug (Matrose)

DIENSTGRADABZEICHEN

Großadmiral

Generaladmiral

Admiral

Vizeadmiral

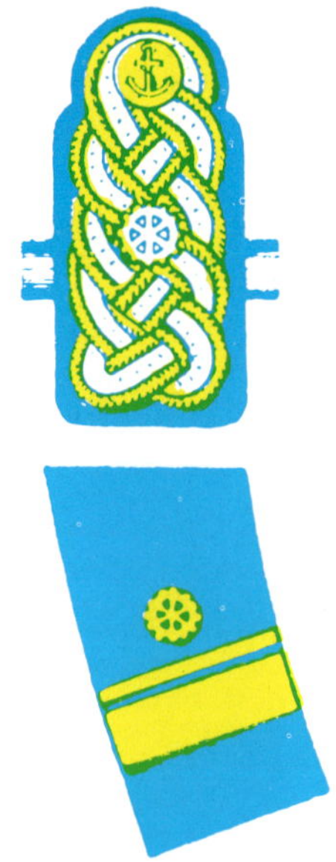

Konteradmiral (Ing.)

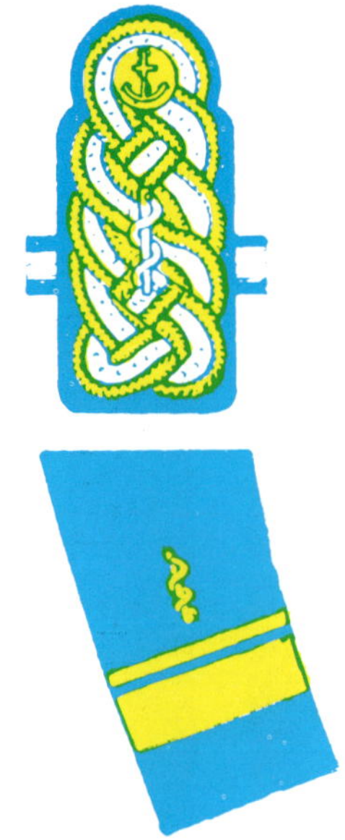

Admiralarzt

Kapitän zur See und Kommodore

Kapitän zur See (W) (Artilleriewaffen)

Korvettenkapitän (W) (Sperrwaffen)

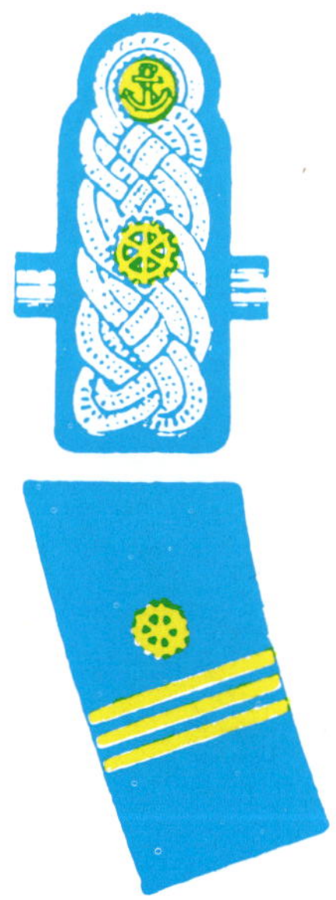

Korvettenkapitän (Ing.)

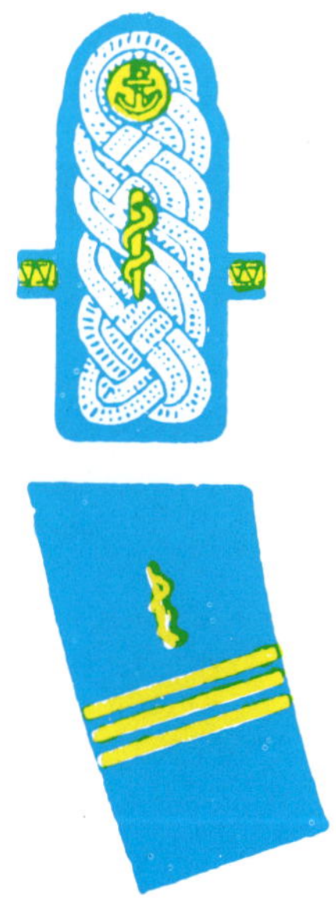

Marineoberstabsarzt

Kapitänleutnant (MA)

Oberleutnant (T)

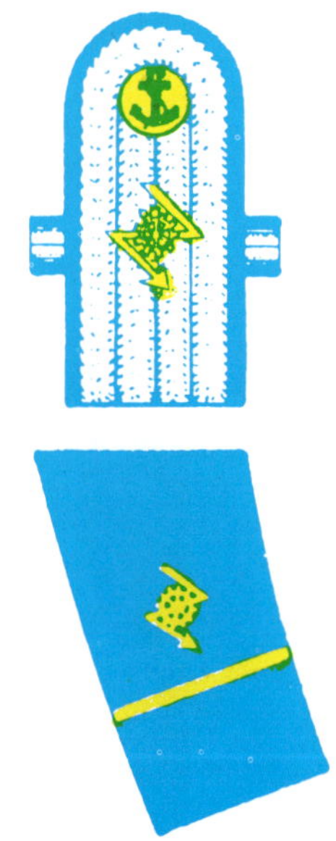

Leutnant (TN)

Bootsmann (Feldwebel)

Maschinist (Feldwebel)

Verwaltungs-stabsfeldwebel

Stabszimmer-meister (Stabs-feldwebel)

Oberfähnrich (Ing.)

Fähnrich zur See

Oberwaffenwart (Oberfeldwebel)

Sanitätsober-feldwebel

Stabsoberstück-meister (Stabs-oberfeldwebel)

Marineunterarzt des Beurlaubten-standes

Bootsmannsmaat

Obermaschinenmaat

Obersteuermanns-maat

Feuerwerksmaat

Verwaltungsmaat

Mechanikermaat

Matrosengefreiter als geprüfter Unter-offizieranwärter

Seekadett

Gefreiter

Obergefreiter

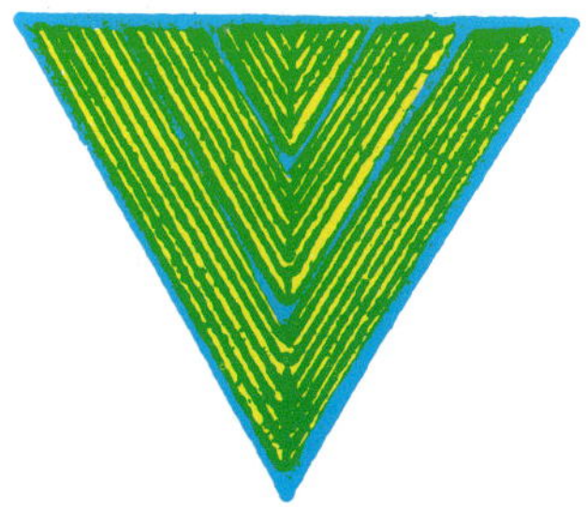
Hauptgefreiter

Stabsgefreiter

Oberstabsgefreiter

LAUFBAHNABZEICHEN

Seemännische Laufbahn

Maschinenlaufbahn

Steuermannslaufbahn

Signallaufbahn

Funklaufbahn

Fernschreiblaufbahn

Zimmermannslaufbahn

Feuerwerkerlaufbahn

Artilleriemechanikerlaufbahn

Torpedomechanikerlaufbahn

Sperrwaffenmechanikerlaufbahn

Verwaltungslaufbahn

Sanitätslaufbahn

Schreiberlaufbahn

Musiklaufbahn

Marineartillerielaufbahn

Kraftfahrlaufbahn

Flugmeldelaufbahn

ABZEICHEN FÜR SONDERAUSBILDUNG

Geschützführer Seeziel/Fla-Artillerie (kleine Einheiten)

Geschützführer Mittelartillerie (Schiffe und Zerstörer)

Geschützführer Schwere Artillerie

Schütze bzw. Beobachter leichte Fla-Artillerie

Geschützführer leichte Fla-Artillerie

Geschützführer schwere Fla-Artillerie

Entfernungsmesser mit Seeziel-E-Meß-ausbildung

Entfernungsmesser mit Seeziel- und Fla-Artillerieaus-bildung

Entfernungsmesser mit Unteroffizier-lehrgang

Waffenleitvor-mann

Waffenleitvor-mann (Artillerie, Flak, Küste)

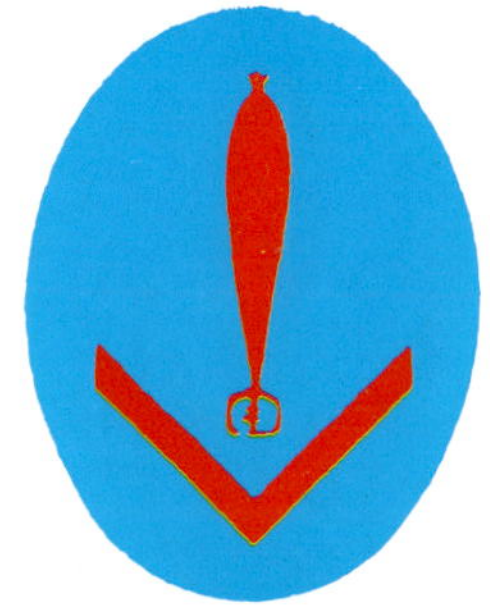

Torpedowaffen-leitvormann

Torpedowaffen-leitvormann II

Sperrmann

Sperrvormann

Schiffstaucher

Torpedotaucher

Uboot- und Ber-gungstaucher

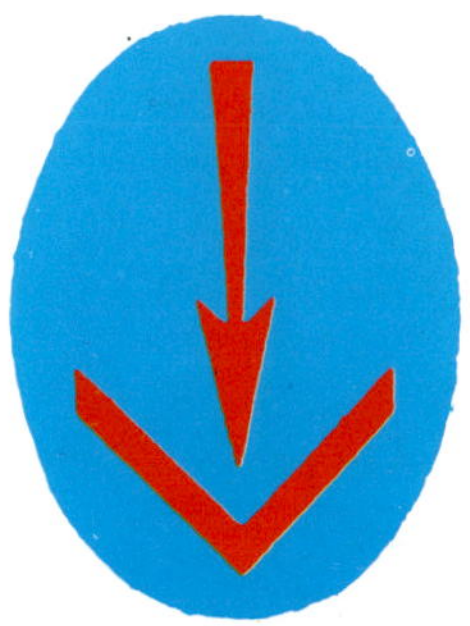

Unterwasserhorcher

Unterwasserhor-cher (Lehrgang für Unteroffiziere)

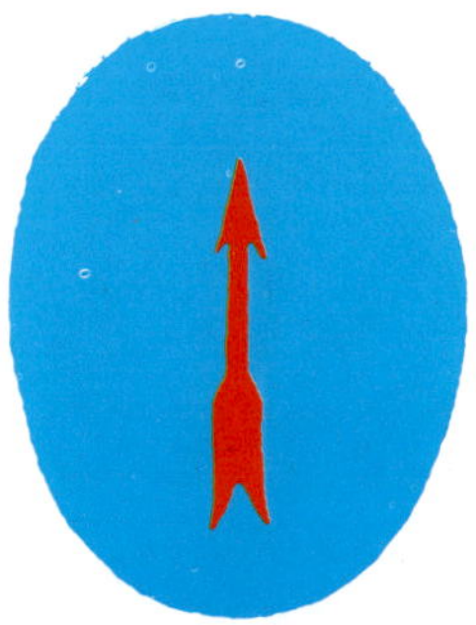

Flak-Horcher (Truppenausbil-dung)

Flak-Horcher

Flak-Scheinwerfer-führer

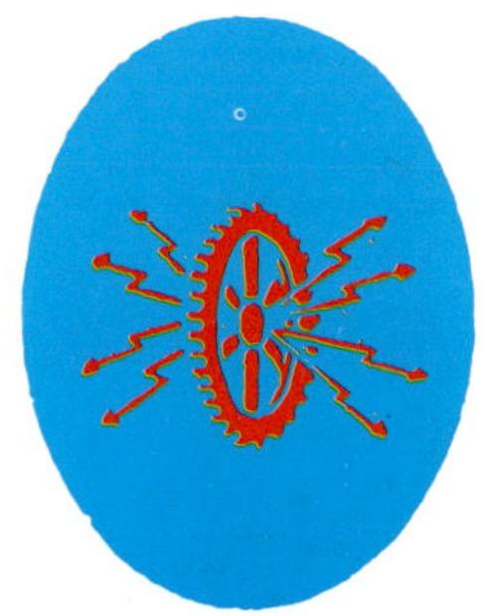

Technischer Scheinwerferlehr-gang Küste

Elektrotechnik-
Lehrgang III

Elektrotechnik-
Lehrgang II

Motorenlehrgang
III

Motorenlehrgang
II

Geschützführer
Küste (Truppen-
ausbildung)

Geschützführer
Küste

Fla-Geschützführer
(Truppenausbil-
dung)

Spielmann

SONDERABZEICHEN

Oben links: Dienstabzeichen des Wach-
offiziers

Oben rechts: Wachtmeister-Abzeichen
(Armbinde)

Oben: Beispiel für Ärmelabzeichen: Ma-
trosenhauptgefreiter als Unteroffizier-
diensttuer mit Sonderausbildung als
Schiffstaucher, kommandiert zum Stab
eines Geschwaders

AUSZEICHNUNGEN DER KRIEGSMARINE

Uboot-Kriegsab-
zeichen

Kriegsabzeichen für
Minensuch-, Uboot-
jagd- und Siche-
rungsverbände

Zerstörer-Kriegsab-
zeichen

Flotten-Kriegsab-
zeichen

Schnellboot-Kriegs-
abzeichen

Kriegsabzeichen für
Hilfskreuzer